Atheistisch glauben

Fröhliche Wissenschaft 208

Hartmut von Sass

Atheistisch glauben

Ein theologischer Essay

Matthes & Seitz Berlin

Vorbemerkung

›Atheistisch glauben‹ scheint nicht viel besser zu klingen als ›fingerlos Geige spielen‹. In der Tat besteht ein Widerspruch zwischen Atheismus und Glaube, solange man ersteres als die Verneinung von zweiterem versteht: Wer Atheist sei, glaube nicht an die Existenz Gottes oder weise gar jeden Sinn religiöser Orientierung ab. Doch leitet der Titel auf eine ganz andere Fährte.[1] ›Atheistisch‹ fungiert hier als ein Adverb, das die ›Tätigkeit‹ des Glaubens an Gott näher zu bestimmen versucht. Adverbiale Qualifizierungen wie ›fingerlos musizieren‹, ›witzig schreiben‹ oder ›ironisch lächeln‹ bestehen folglich aus einem Aktionswort und einem hinzutretenden Term – einem *Ad*-Verbum –, das diese Tätigkeit charakterisiert. Damit haben sich die Verhältnisse offenbar ins genaue Gegenteil gekehrt: Aus einem nur vermeintlichen Widerspruch zwischen Atheismus und Glaube wird die Möglichkeit, das atheistische Element so zu nutzen, dass es den Glauben nicht dementiert, sondern gerade konkretisiert. Was das theologisch genau heißen könnte, soll in diesem Essay geklärt werden.

Wie jeder Text hat auch dieser seinen Kontext. Und ein solcher Zusammenhang ist im Blick auf die Frage nach Gott und Religion längst mit allerlei eingeschliffenen Etiketten ausgestattet: ›religiöser Pluralismus‹, ›Säkularisierung‹ bis hin zur religiös-weltanschaulichen Indifferenz, demgegenüber die ›Wiederkehr der Götter‹ als Erstarken religiöser Bewegungen sowie die privatisierte Spiritualisierung des Religiösen jenseits der Institutionen. All das mag im Hintergrund dieses Essays stehen, aber ich werde darauf nirgends direkt eingehen. Zudem möchte ich mich hier auf die christliche Tradition beschränken. Das schließt nicht aus, dass die folgenden Arbeiten am Glaubensbegriff auch für andere religiöse Traditionen relevant sein werden; und es schließt umgekehrt ebenso wenig aus, von diesen lernen zu können.

Nicht einmal der Atheismus als solcher steht im Mittelpunkt – weder seine verzweigte Geschichte noch seine heutigen Ausprägungen.[2] Vielmehr beschäftigt mich hier die ganz grundsätzliche Frage, wie der Glaube an Gott in einem »nach-metaphysischen Zeitalter« (so Jürgen Habermas)[3] überhaupt aussehen könnte; wie sich dieser Glaube von anderen Formen, etwas zu glauben (und nicht zu wissen), unterscheidet; und was dieser Glaube *nicht* ist, obwohl manche seiner Verteidiger:innen eben dies behaupten. Die Aufgabe ist also eine konstruktiv-produktive, sensibel differenzierende und eine korrigierende – manche würden sagen: eine therapierende.

Diese Therapie besteht aus drei sehr unterschiedlichen Kapiteln, die jedoch einen konsistenten Gedankengang zu entfalten versuchen. Auf vieles, was dazu nicht nötig ist, wird bewusst verzichtet. In einem Prolog wird ein Bild vorgestellt, das anschließend knapp zu erläutern ist, um mit diesem visuellen Einstieg den Zugang zu den dann folgenden Überlegungen etwas zu erleichtern. Dieses Bild hat mein Freund Oskar gemalt, der gerade sieben Jahre alt geworden ist. Er hat meine Bitte, drei Figuren zu zeichnen, die ein Gemälde betrachten, bestens umgesetzt. Dafür danke ich ihm ganz herzlich (wobei er mit dem theologischen Anliegen des kommentierten Bildes sehr sympathisiert). Abstrakter und doch an den Phänomenen orientiert, geht es in den daran anschließenden Teilen zu. Kapitel zwei wird in die Architektur des Glaubensbegriffs einführen, um diese – immer wieder im Rückgriff auf den piktoralen Prolog – mit zwei Akzenten zu diskutieren: nämlich mit Blick auf den *Glauben als bestimmte Weise, das Leben anders und neu zu verstehen und zu führen*; und mit Blick auf *Gott als diejenige Wirklichkeit, in welcher sich jene Weise des Verstehens und der Lebensführung realisiert*. Beides ist äußerst auslegungsbedürftig. Daher werden im letzten Kapitel die Konsequenzen aus der hier vertretenen Konzeption gezogen. So zentrale wie dubios gewordene Sprachspiele des Glaubens – von der ›guten Schöpfung‹ über das Problem des Bösen bis zur Hoffnung auf ein ewiges Leben – können nun einer Relektüre unterzogen werden. Wir haben also viel vor!

Nichts von dem, was folgt, ist neu. Und alles, was sich hier findet, habe ich an anderen Orten in der üblichen Wissenschaftsprosa bereits vorgetragen. Das heißt nicht, dass der vorliegende Text unwissenschaftlich wäre. Nur habe ich mich hier bemüht, für eine andere und breitere Leserschaft zu schreiben, wobei ich konkrete Personen im Sinn hatte: Die eine ist ein wohlwollender Zweifler und sucht nach Antworten; eine andere ist eine gläubige Theologin (das ist keine Tautologie …), die nun im Pfarramt ist; und dann ist da die etwas spöttische Schriftstellerin, die bestenfalls amüsiert auf für sie unverständliche Grabenkämpfe schaut. Auf technisches Vokabular, theologiegeschichtliche Finessen oder die Namen ihrer Vertreter habe ich so weit wie möglich verzichtet – eine notwendige Kürze, die ihren genrebedingten Preis hat. Doch die theologisch und religionsphilosophisch unbelasteten Interessierten sollen ebenso erreicht werden wie die fachlich überaus Belasteten, sozusagen die ›Mühseligen und Beladenen‹ der Profession. Sie mögen einiges von dem nun Folgenden trivial finden, anderes ›erquickend‹ und wieder anderes – hoffentlich – häretisch.

Doch zunächst ist einigen weiteren Freunden zu danken, mit denen ich diskutieren durfte, die Passagen dieses Textes gelesen haben oder auf andere Weise die Arbeit an ihm begleiteten: Johanna Breidenbach, Christian Fissenebert, Daria Groß, Lisa Heller, Hans Julius Schneider und Hannah Zufall.

Hartmut von Sass, Berlin im Juni 2022

Inhalt

I
Prolog mit Bild — 13

II
Vorbereitung: Zur Architektur des Glaubens — 23

1. Theismus, Atheismus, A-Theismus — 25
2. Drei Formen des Glaubens — 35
3. Glauben und Aspekte-Sehen — 45
4. Wirken und Wirklichkeit Gottes — 56

Exkurs I: Gott und/als Kunst — 66

5. Der angefochtene Glaube — 72

III
Konsequenzen: Glaube als eine Weise, das Leben zu führen   83

   1   Schöpfung Gottes   86

   2   Zum Umgang mit dem Bösen   96

   3   Gottes Sohn und die Erlösung von den Sünden   106

   4   Beten. Und Empfangen.   118

   Exkurs II: Eine göttliche Adresse   128

   5   Die Hoffnung des Glaubens   133

Ohne Ende: Letzte Dinge   143

Anmerkungen   147

I
Prolog mit Bild

Und nun, wie angekündigt, Oskars Zeichnung:

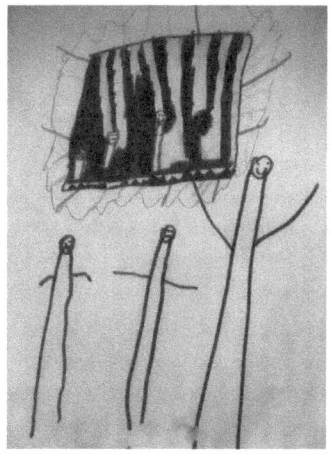

Drei Personen stehen vor einem Gemälde, sagen wir in einer Galerie. Nehmen wir weiter an, dass die erste Person der Vertreter eines Auktionshauses, sagen wir Sotheby's, sei, der das Bild betrachtet, um seinen Wert abzuschätzen. Die zweite Person sei ein Kunstliebhaber, der sich schlicht am Gemälde erfreut. Und schließlich gibt es eine Chemikerin, die vor dem Bild steht und dessen stoffliche Zusammensetzung prüft. *Drei* Personen – *ein* Gegenstand; und drei Weisen, sich auf dieses eine Bild zu beziehen: ökonomisch, ästhetisch und chemisch.[4]

Wiederum drei Aspekte seien nun eigens hervorgehoben, wobei es zunächst nicht auf das Bild als solches ankommt, sondern auf den Bezug zu ihm. Zum einen geht es um das Verhältnis, welches zwischen diesen Bezügen zum Bild besteht. Offenbar sind die drei skizzierten Zugänge *miteinander vereinbar* und können problemlos parallel gewählt werden. Die differenten Hinsichten werden gerade dadurch definiert, dass sie kommensurabel sind und daher nicht miteinander in Widerspruch geraten können. Dabei ließe sich das Szenario auch in einem entscheidenden Punkt abwandeln, sodass unsere drei Begleiter:innen in Wahrheit nicht drei Individuen sind, sondern ein und dieselbe Person. Nichts spricht im vorliegenden Fall gegen multiple Karrieren, außer vielleicht der Umstand, dass die Gesichtsausdrücke auf sehr unterschiedliche Stimmungen schließen lassen – vielleicht weil sie sich im Gemälde selbst erkennen?

Diesem noch recht simplen Szenario kann man nun eine zusätzliche Wendung geben, die zu ersten Konflikten zwischen verschiedenen Beschreibungen des Bildes führt. So ließe sich eine weitere Person denken, die für die Konkurrenz von Sotheby's arbeitet und zu einem ganz anderen Ergebnis kommt, als es der Kollege aus London tut. Auch hier dürfte von *zwei Perspektiven* die Rede sein, allerdings sind sie gerade aufgrund *derselben Hinsicht*, dem Monetären, *unvereinbar*, weil nur einer der beiden Makler recht haben kann (oder sie liegen beide falsch). Interessanterweise liegt der Fall anders, wenn wir einen weiteren Kunstliebhaber hinzuziehen; denn es ist gar nicht ausgemacht – und hinge von der Ausschmückung der Details ab –, inwiefern sich zwei ästhetische Urteile wirklich widersprechen können. Daraus folgt, dass Urteile unterschiedlicher Hinsichten auf einen Gegenstand kommensurabel sind und dass erst verschiedene Urteile derselben Hinsicht zu Konflikten führen können. Ob sie es tun, hängt wiederum von der Art der Hinsicht ab: Ästhetische Hinsichten müssen keine Widersprüche implizieren, da sogenannte Geschmacksurteile sich nicht widersprechen müssen; bei verschiedenen chemischen Urteilen ist hingegen davon auszugehen, dass sie sich als unvereinbar herausstellen, weil es hier um Sachverhalte der Wirklichkeit und damit um faktuale Behauptungen geht.

Zum anderen, dies ist der zweite Aspekt, sind die verschiedenen Bild-Perspektiven *nicht aufeinander reduzibel*. So ergibt sich aus der monetären Bewertung des Bildes nicht dessen ästhetischer Wert und auch keine chemische Auskunft; und die finanzielle Dimension wiederum legt nichts Stoffliches und schon gar nichts Ästhetisches fest. Allerdings muss man eine Einschränkung vornehmen: Zwar ist es richtig, dass die drei Perspektiven prinzipiell irreduzibel sind, aber das heißt nicht, dass sie in jedem Fall voneinander gänzlich unabhängig bleiben. Die Verwendung von Gold etwa kann den Wert des Bildes erheblich steigern, sodass die chemische Zusammensetzung den Vertreter von Sotheby's durchaus interessieren dürfte; und wenn sehr viele Kunstliebhaber das Bild mögen, wird dessen Wert auch davon nicht unberührt bleiben. Es kann also durchaus Interferenzen zwischen den Perspektiven geben.

Dennoch bleibt es bei der Behauptung einer Irreduzibilität, wie man sich beim Durchspielen der Gegenposition verdeutlichen kann. Probehalber ließe sich ein quasi-naturalistisches Manöver vortragen: Analog zur Reduktion aller Beschreibungen der Welt auf eine naturalistische könnten alle ästhetischen und monetären Wertungen auf eine chemische Aussage zurückgeführt werden. Parallel zum allgemeinen Versuch, die unterschiedlichen Zugänge zur Welt auf eine ›hinter‹ all diesen Zugängen liegende Tiefenbeschreibung zu reduzieren, müsste man in unserem einfacheren Szenario zeigen, dass zwei Hinsichten nur abgeleitete und eine, nämlich die chemische, die grundlegende sei. Dies ist ein zwar denkbarer Ansatz, aber aus meiner Sicht eine unplausible Vorgehensweise, auf deren Seite die eigentlichen Beweislasten liegen.

Und schließlich sind *zusätzliche Beschreibungen* neben den drei bisher verhandelten möglich. Offenbar lässt das Gemälde all diese Hinsichten mit ihren kompatiblen oder sich widersprechenden Perspektiven auf sich zu. Metaphorisch könnte man auch sagen: Es entbindet sie oder setzt sie aus sich heraus (oder dementiert sie, wenn sie falsch sind). Diese (wahren) Perspektiven reichern unser Wissen über das Gemälde und unsere Einstellungen zu ihm zwar an, jedoch ohne durch deren Addition zu einer vollständigen Erfassung des Bildes führen zu müssen; denn immer weitere Weisen, jenes Gemälde zu betrachten, sind leicht denkbar, so zum Beispiel eine kunsthistorische. Aufgrund dieser Vieldeutigkeit wird schon bei einem solch einfachen Gegenstand wie unserem Bild klarer, dass wir *etwas schon immer als etwas* wahrnehmen. Umgekehrt ließe sich behaupten, das Bild als eine Bezugsgröße, die über unterschiedliche Bezüge zu sich verfügt, sei nichts anderes als die *Summe eben dieser Weisen, auf es Bezug zu nehmen*. Was das Bild ist, stünde demnach gar nicht fest, sondern hinge wesentlich davon ab, wie wir es verstehen – monetär, ästhetisch, chemisch, kunstgeschichtlich oder wie auch immer.

Kehren wir nun zur Frage des Glaubens mit atheistischem Zuschnitt zurück und wenden die entwickelten Differenzierungen an: zwischen *Beschreibungen* eines Bildes, die die konzeptualisierten Versionen bestimmter *Perspektiven* sind, die wiederum denselben oder unterschiedlichen *Hinsichten* (Wert, Geschmack, Material) zugehören; sowie die drei dabei herausgearbeiteten Aspekte, die die Beziehung dieser Perspektiven untereinander betreffen: die *Vereinbarkeit* der Hinsichten, ihre *Irreduzibilität* und der Reichtum des Gegenstandes, auf den sich diese *erweiterbare Perspektivenvielfalt* bezieht.

Was also entspräche dem Bild im Reich des Glaubens? Anders gefragt: Worauf richtet sich der religiöse Glaube samt seinen Einstellungen, Emotionen und Aussagen? Antwort: nicht auf diesen oder jenen Ausschnitt der Welt, auch nicht auf eine ganz andere Welt, sozusagen eine »Hinterwelt«, wie Nietzsche spöttisch kommentierte,[5] sondern auf *unsere Welt in ihrer Gesamtheit.* Und nun können wir nochmals unseren Apparat mit all seinen Differenzierungen zur Anwendung bringen: Zum einen ist es auch hier möglich, unterschiedliche Beschreibungen der Welt – wertorientierte, ästhetisch-künstlerische, naturwissenschaftliche oder eben religiöse – zu geben. Diese Beschreibungen verdanken sich offenbar divergenten Perspektiven auf diese eine Welt, die nun unter verschiedenen (Frage-)Hinsichten zum Thema wird. Solange dies der Fall ist, widersprechen sich diese Perspektiven nicht; erst wenn Beschreibungen geboten werden, die derselben Hinsicht angehören, können Konflikte auftreten. Dass dies ständig der Fall ist (und nicht *per se* problematisch sein muss), kennen wir etwa von miteinander konkurrierenden Theorien aus den Naturwissenschaften. Interessant ist nun, dass es gar nicht so leicht ist, Äquivalente für den Vertreter von Sotheby's und den Kunstliebhaber zu finden, wenn der Gegenstand die gesamte Welt sein soll. Doch für die Sprachspiele des Glaubens ist das recht einfach, da sie von Haus aus aufs Ganze gehen und immer schon die gesamte ›Schöpfung‹ im Blick haben (siehe Abschnitt III.1).

Und nun gilt, so die These, auch hier, dass die religiöse Perspektive samt all ihrer zum Teil filigranen Beschreibungen den anderen Totalbeschreibungen der Welt – insbesondere also den Naturwissenschaften (als Bündel unterschiedlicher methodischer Unternehmen) – *nicht widersprechen* kann. Der Grund liegt darin, dass Religionen und Naturwissenschaften genauso verschiedene Hinsichten der Weltbetrachtung enthalten, wie es bei unseren drei Begleitern in Bezug auf das Bild der Fall war. Sie gehen mit divergenten Fragen und Interessen an ihren Gegenstand heran, genau wie es Wissenschaft und Glaube tun. Und auch in diesem komplexeren Fall gilt, was sich bereits bei den Bild-Hinsichten zeigte: Naturwissenschaft und Religion (und auch monetäre und ästhetische Perspektiven) sind nicht auf nur eine Beschreibung zurückzuführen. Folglich sind religiöse, materielle und ästhetische Bewertungen nicht auf ein angeblich grundlegendes Vokabular reduzierbar, das sich den Naturwissenschaften oder gar exklusiv der Physik verdankte. Und auch der dritte der obigen Aspekte trifft hier zu: Als was die Welt betrachtet wird, ist eine Frage der Perspektive auf sie; und diese recht simple Beobachtung könnte man, wie oben geschehen, nochmals verschärfen: Die Frage, was die Welt ist, erlaubt keine stabile Antwort, sondern hängt von der Vielfalt der Perspektiven ab, die man zu ihr einnimmt. Anders ausgedrückt: Kommt eine religiöse (oder irgendeine andere) Perspektive hinzu, ist das, was wir Welt nennen, reicher geworden und bleibt für weiteren Reichtum an Beschreibungen offen. Umgekehrt gilt folglich: Die Erosion von Beschreibungen eines Gegenstandes bedroht zugleich den Reichtum des Beschriebenen.

Der Glaubende, der auf die Welt schaut und sie beschreibt, entspricht also einer der Personen vor dem Bild. Diese perspektivische Beschreibung der Welt im Glauben steht neben ihren Alternativen, repräsentiert von jenen anderen Männern (und Frauen). Dies tut sie ohne Widerspruch aufgrund anderer Hinsichten und Fragen an diese Welt und ohne Rückführbarkeit auf eine fremde Beschreibung aufgrund der Unübersetzbarkeit der ganz unterschiedlichen Beschreibungen, die Wissenschaftler, religiöse Menschen, auch Vertreter von Sotheby's oder Ästheten zu geben bereit sind. Und auch hier besteht die Möglichkeit, dass es sich um eine einzige, aber vielseitig interessierte Person handelt.

Deutlich mag sein, dass mit dieser Bild-Analogie der Ort der Religion neu bestimmt ist und die mit ihr verbundenen Probleme relokalisiert werden oder ganz verschwinden. Glaube richtet sich auf *diese* Welt, nicht auf parallele oder künftige Welten. Er bleibt, noch einmal Nietzsche, der »Erde treu«[6]. Zwar kann auch der Glaube von alternativen Weltbeschreibungen lernen – und sollte diese Offenheit stets mitbringen –, doch einen Widerspruch zwischen diesen Angeboten kann es nicht geben. Der gesamte Diskurs zu einer vermeintlichen Konkurrenz zwischen Glauben und Wissen(schaft), zwischen *religion and science*, löst sich damit in Nichts auf. Spannungen zeichnen sich auch hier erst ab, wenn man es mit verschiedenen Beschreibungen unter derselben Hinsicht zu tun bekommt. So können sich offenbar zwei Naturwissenschaftlerinnen widersprechen. Aber können es auch, so fragten wir oben, zwei Liebhaber eines Gemäldes, wenn sie in ihrer Beurteilung ganz unterschiedliche Richtungen einschlagen? Könnte also der eine Glaube einem anderen religiösen Glauben widersprechen? Da es sich hier um dieselbe, nämlich religiöse, Hinsicht handelt, sind Spannungen durchaus möglich und gehören leider längst ins Arsenal politisierter Konflikte. Und doch bleiben die religiösen Perspektiven auf nicht-religiöse irreduzibel und damit eigenständig, aber auch faszinierend und nach wie vor der Rede – und des Glaubens? – wert. Zumal auch hier zutrifft, was über den Reichtum der Welt durch die Vielzahl ihrer Beschreibungen gesagt wurde: Der Glaube nimmt der Welt nichts; im Gegenteil, er bereichert sie, indem diese Welt neu beschrieben, gleichsam ›aus dem Nichts neu geschaffen‹ wird!

Damit habe ich bereits mein Pulver verschossen. Was folgt, sind lediglich – aber immerhin – ein paar Erläuterungen.

II
Vorbereitung: Zur Architektur des Glaubens

> »Ihr mögt die Religion nicht, davon sind wir schon neulich ausgegangen; aber indem Ihr einen ehrlichen Krieg gegen sie führt, der doch nicht ganz ohne Anstrengung ist, wollt Ihr doch nicht gegen einen Schatten gefochten haben.«
>
> Friedrich Schleiermacher, *Über die Religion*[7]

Eine ›Architektur des Glaubens‹ klingt weit unschuldiger und wohl auch blumiger, als sie faktisch ist. Zwar lautet einerseits die Aufgabe, sorgsam einzufangen, was der Begriff des Glaubens systematisch beinhaltet; doch andererseits kann es nicht darum gehen, vermeintliche Tatsachen auf dem Gebiet der Religion und in Sachen des Glaubens lediglich wiederzugeben; denn was dort zu finden sein wird, ist eine schier unübersehbare Vielfalt von Überzeugungen, Haltungen, Gefühlen und Motivationen, die nicht nur nach Ordnung verlangt, sondern zuweilen auch nach Interpretation, Korrektur oder gar Revision. Nicht erst der Modus der Darstellung und die Art der Akzentsetzung sind bereits Stellungnahmen und eben Setzungen, sondern zuweilen verlangt das so Dargestellte selbst nach verändertem Design und Neugestaltung. Ebendiese Spannung zwischen vertrauter Tradition und oft dringlicher Aktualisierung mag jene bauwerkliche Metapher im Titel spiegeln.

Beides – Analyse und Gestaltung – soll im nun folgenden Gedankengang eingelöst werden. Dazu ist zunächst zu klären, wogegen sich dieser Essay richtet und was hinter dem Etikett des Atheismus steckt (1). Anschließend ist die konstruktive Vorderseite des ›A-Theismus‹ zu betrachten. Zu diesem Zweck müssen unterschiedliche Glaubenskonzeptionen auseinandergehalten werden (2), um den Glauben als eine Weise darzustellen, buchstäblich alles (d. h. auch diesen Glauben selbst) neu zu verstehen (3). Erst dadurch wird es möglich sein, die Wendung ›*an* Gott glauben‹ sinnvoll und ›atheistisch‹ auszulegen (4), wobei ein Exkurs zur Affinität zwischen der Wirklichkeit Gottes und unserem Umgang mit Kunst angefügt wird. Dieses ›architektonische‹ Kapitel wird beschlossen, indem die gewonnenen Erkenntnisse der Ambivalenz ausgesetzt werden, in der der Glaube an Gott schon immer steht. Die theologische Tradition hat dafür den schillernden Begriff der Anfechtung entwickelt, der jenes Ringen des Glaubens mit Gott und folglich die Unselbstverständlichkeit ebendieses Glaubens selbst produktiv verarbeitet (5). Wie gesagt, die hier anvisierte ›Architektur des Glaubens‹ ist weder unschuldig, noch wird sie blumig ausfallen.

1
Theismus, Atheismus, A-Theismus

Systeme können auf mindestens zwei Weisen unter Druck geraten: durch *externe Dynamiken* und durch *innere Erosion*. Diese doppelte Gefahr trifft auch die religiösen Traditionen in Mitteleuropa, deren Analyse weitere historische und religionssoziologische Differenzierungen erfordert.[8] Mit Blick auf den Atheismus sei dazu nur gesagt, dass dieses Label eine überaus lehrreiche Transformation durchlaufen hat. Drei Abschnitte lassen sich dabei grob auseinanderhalten: Zunächst fungierte die Zuschreibung, jemand sei ein Atheist, als Urteil über eine religiös und moralisch inakzeptable Person, die unverzüglich der Strafe zuzuführen sei. Erst ab dem frühen 18. Jahrhundert wird langsam, dann aber doch mit Nachdruck, aus einer gefährlichen Fremdbestimmung eine nun mögliche Selbstauskunft jenseits von Strafe und Verfolgung. Schließlich kehren sich nach der Aufklärung die Machtverhältnisse um, sodass der Atheismus zum Kampfbegriff avanciert, um zunächst Teil der klassischen Religionskritik und, weit später, zur oft ideologisch getränkten Reserve gegenüber religiösen Anschauungen zu werden. Er verblasst schließlich dort, wo das, was mit ihm lange und engagiert bekämpft wurde, nun eher mit entspanntem Desinteresse ignoriert wird. Heutzutage scheint demnach der Atheismus selbst angezählt zu sein.

Diese dreiteilige Wandlung hat den Glauben nicht nur von außen begleitet und zuweilen getroffen, sondern diesen selbst einer Revision ausgesetzt. Auch hier lässt sich eine parallele Metamorphose in drei Stufen nachzeichnen. Sie führt von einer theistisch geprägten Theologie über teilweise massive Kritik aller Theismen zu einer nach-theistischen Gotteslehre. Dies mündet zuletzt in den Befund, dass man heute entweder mit atheistischen Ansichten offene Türen einrennt; oder dass man auf verbliebene Theismen trifft – auf explizite, oft aber auch auf schlicht uneingestandene; oder es führt dazu, Module des Atheismus zu nutzen, um die lebensweltliche und intellektuelle Berechtigung religiösen Glaubens besser zu verstehen.

Damit sind wir genau bei unserem Thema und seinen drei Dimensionen: A-Theismus als Kritik des Theismus; Theismen als verdeckte Restbestände in der Theologie; sowie der *Atheismus als Element des Glaubens unter post-theistischen Konditionen*. Unser Thema soll nun nicht sogleich direkt angegangen werden, indem eine atheistisch formatierte Theologie vorgestellt würde – dazu kommen wir in den nächsten Abschnitten. Vielmehr ist zunächst indirekt zu fragen, was denn die Gegenposition ist, vor der die Dringlichkeit eines atheistischen Theologieformats einleuchten könnte. Oft versteht man etwas besser, wenn klar ist, worauf es kritisch reagiert. Was also steckt hinter dem Konzept des Theismus?

Folgende Zutaten des Theismus sind zu unterscheiden: Erstens geht der Theismus davon aus, dass Gott als Person mit allen Formen des Denkens (und Fühlens) zu verstehen sei, die körperlos und also rein geistig bleibe (1. *Personalismus*); zweitens sei diese Geist-Person insofern transzendent, als sie sich Raum und Zeit entziehe und als ›Herr‹ über beide jenseits dieser existiere (2. *Supranaturalismus*); drittens teile sie mit den Menschen bestimmte Eigenschaften, obgleich ihr diese in Vollkommenheit (Allwissenheit, Ubiquität, Allmacht, reine Güte usw.) zukommen (3. *Perfektibilismus*); viertens sei der so verstandene Gott allem gegenüber absolut souverän und frei (4. *Autarkismus*); und fünftens gilt Gott als Schöpfer und Erhalter der Welt, um ihr Dasein und ihre Beschaffenheit zu erklären (5. *Fundamentalismus*). Offenbar betreffen 1. bis 3. die Gottheit selbst und ihr Wesen in Absehung von allem anderen als ebendieser Gottheit. Diese Einschränkung wird mit 4. und 5. gelockert, indem nun das Verhältnis von Gott und Welt adressiert wird. Geht es in der ersten Gruppe um die Ontologie Gottes, geht es in der zweiten Gruppe um die Relation zu seiner Schöpfung. Ontologisch (also dem *Sein* nach) stehen die Bestimmungen der ersten Gruppe über der zweiten, da das Geschaffene unter dem Schöpfer rangiert; epistemologisch (also dem *Erkennen* nach) ist es genau umgekehrt, weil wir Gott nur durch seine Schöpfung vernehmen können: entweder mittels seiner Offenbarung (mit *Gott* als dem sich zu erkennen gebenden Subjekt) oder durch Folgerungen aus seinen Wirkungen (mit *uns* als den erkennenden Subjekten).[9]

Nun ist dieses Gottesbild seinerseits das Resultat einer unüberschaubar komplexen Geschichte seit den Anfängen jüdisch-christlicher Tradition und ihrer philosophischen Begleitung. In dieser Doppelung – einerseits die christlich-religiöse Frömmigkeit und andererseits ihre intellektuell-abstrakte Systematisierung – deutet sich genau jene Spannung an, die das Christentum bis heute durchzieht: Praxis und Theorie; biblisches Zeugnis und dogmatische Fixierung; die Glaubenden, die ihr Leben an Gottes Wirklichkeit ausrichten, und jene Lehrgebäude, die in Bezug auf Gott, Tradition und erlebte Gegenwart Wahrheitsansprüche erheben. Sehr vieles (sicher nicht alles) in der Christentumsgeschichte lässt sich mit der Kreuzung der fünf Eigenschaften und dem skizzierten Spannungsreichtum von Glaubenspraxis und theo-philosophischer Metaphysik erklären und verstehen.

Der Theismus neigt fraglos dem metaphysischen Pol jener Spannung zu und hat traditionell Mühe, die Praxis des Glaubens als Beziehung des Menschen zu Gott sorgsam zu beschreiben. Sofort ist zuzugestehen, dass nicht alle Theologie-Typen im immer noch recht simplen Raster von 1. bis 5. eingefangen werden können. Man denke etwa an die Mystik, die jedoch stets ein Randphänomen blieb. Und ebenso ist sofort zuzugeben, dass nur wenige Theolog:innen 1. bis 5. in irgendeiner Form zusammen vertreten haben. Doch es gibt auch heute einige Repräsentanten, die wir *radikale Theisten* nennen können, weil sie in der Tat Versionen von 1. bis 5. zu unterschreiben bereit sind.[10] Zugleich ist klar, dass Varianzen der theistischen Programme aus unterschiedlichen Auslegungen jener fünf Merkmale entstehen. Und so können wir diejenigen *partielle Theisten* nennen, die zwar mit 1. bis 5. sympathisieren, aber teilweise Auslassungen erlauben und einzelne Eigenschaften des Theismus sogar zurückweisen können. Gehen wir die Elemente kurz und knapp durch:

(zu 1.): Kern des Theismus ist ein personalistisches Gottesbild, um Gott als handelnde, re(a)gierende und gegebenenfalls gar empfindsame Instanz zu denken. Die nun naheliegende Gefahr, Gott nach dem Bild des Menschen zu konstruieren, wird klassischerweise durch zwei Reaktionen einzudämmen versucht. Zum einen kann behauptet werden, dass personalistische Redeweisen – wie etwa »Der Herr ist mein Hirte« (Psalm 23) – *metaphorisch* zu verstehen seien. Ein wortwörtliches Verständnis wird damit ausgeschlossen, aber die Frage erzeugt, welcher Status den in Anspruch genommenen Metaphern in der Theologie denn dann zukommt. Zum anderen wird Gott als Geist gedacht, um ihn körperlichen Limitierungen zu entziehen. Dies abonniert die Theologie jedoch auf einen *Dualismus* von Körper und Geist, damit deren strikte Trennung im Fall Gottes gewährleistet ist. Dieses Dual von *mind and body* wird aber nicht erst für Gott zum Problem, sondern mündet bereits im irdischen Fall des Menschen in kaum aufzulösende Schwierigkeiten.

(zu 2.): Auch das Anliegen des Supranaturalismus ist zunächst ganz verständlich. Gott existiere ›vor‹ und ›jenseits‹ dieser Welt. Dann aber können die für die Welt wesentlichen Konditionen von Raum und

Zeit für ihn nicht verbindlich sein. Dadurch aber entsteht die Spannung zwischen einem Gott, der losgelöst ist von spatialen und temporalen Bedingungen, und einem Gott, der sich in Jesus Christus gerade diesen durch und durch weltlichen Umständen ausgesetzt habe, und der menschlichen Unmöglichkeit, genau diese beiden Behauptungen jeweils einzeln zu verstehen und sinnvoll verbinden zu können. Darauf haben Versionen des Theismus reagiert, die die kategoriale Trennung von Gott und Welt aufgeben. Pan(en)theistische Ansätze gehen demnach davon aus, dass Gott und Welt (mit einigen Spezifizierungen) identisch (Pantheismus) bzw. dass die Welt (oder die Welten) *in* Gott aufgehoben seien (Pan*en*theismus). Damit aber werden die Probleme nicht gelöst, sondern verdoppelt: Die zentrale Intuition des Supranaturalismus wird unnötig konterkariert, während das Verhältnis von Gott und Welt in simpler Gleichsetzung beendet oder in problematischer Spekulation verdunkelt wird.

(zu 3.): Die ersten beiden Merkmale führen dazu, dass Gott als Super-Person gesehen wird, die einerseits Eigenschaften mit ihren Geschöpfen teilt, während sie über jede dieser Eigenschaften in Perfektion verfügt: Wir wissen etwas, er weiß alles; wir halten uns an einem Ort auf, er ist überall zugleich usw. Doch diese superlativen Steigerungen haben ihren Preis, wie man sich am Problem der Allmacht verdeutlichen kann: Wenn er alles kann, dann auch das Böse verhindern; die Faktizität des Bösen aber widerspricht seiner (All-)Güte (dazu Abschnitt III.3). Und so geraten jene Eigenschaften – so sie denn jeweils verständlich und konsistent sein sollten – spätestens untereinander in Konflikt. Natürlich hat der Theismus versucht, auf all die hier drohenden Probleme zu antworten. Der *open theism* etwa geht davon aus, dass Gott selbst einer offenen Entwicklung unterliege, um jene Einwände quasi ›biografisch‹ aufzulösen oder als ein trinitarisches Geschehen zwischen Vater, Sohn und Geist zu verarbeiten, sodass Gott radikal geschichtlich gedacht wird. Andere Versionen machen Zugeständnisse, indem Gottes Allmacht eingeschränkt oder ganz dementiert wird – bis hin zu Gottes eigenem Leiden am Zustand der Welt und seiner Ohnmacht angesichts dieser von ihm ungewollten Entwicklungen.

(zu 4.): Wählt man diese zuletzt genannten Optionen, wird es schwierig, an Gottes Eigenständigkeit im Sinne seiner Souveränität und Freiheit festzuhalten. Sobald Gott als Schöpfer und folglich als Gegenüber der Welt gedacht wird, stellt sich dieses Problem ohnehin; denn einerseits scheint ein nicht-autarker Gott ein Widerspruch in sich zu sein; andererseits erfordert eine wirkliche Beziehung Gottes zu seiner Schöpfung, sich auf diese so einzulassen, dass Souveränität als Unberührbarkeit und Freiheit als Ungebundenheit gerade unmöglich werden. So wurde versucht, diese Spannung ›dialektisch‹ aufzufangen – *credo*: Freiheit als Bereitschaft, sich in Liebe an etwas zu binden und diese liebende (Ver-)Bindung als wahre Freiheit zu erfahren. Doch es kann bezweifelt werden, dass damit dem ursprünglichen Anliegen des Autarkismus entsprochen wird.

(zu 5.): Ein wesentliches Motiv, den Theismus systematisch zu explizieren, lag nicht nur in der Ausgestaltung einer Eigenschaftslehre Gottes (so 1. und 2.); es lag auch nicht nur in der Klärung seiner Relation zur Schöpfung (so 3. und 4.); es lag vor allem darin, rational zu begründen, *warum* die Schöpfung überhaupt ist (*Existenz*) und warum sie so ist, *wie* sie ist (*Wesen*). Der Theismus ist in all seinen Varianten insofern fundamentalistisch, als er (natur)wissenschaftliche Ansprüche erhebt. Mit dem Aufkommen der Wissenschaften als eigenständige, d. h. von religiösen Autoritäten losgelöste und schließlich säkulare Disziplinen musste ein dramatischer Konflikt zwischen Glauben und Wissen entstehen. Diesen Kampf haben die Wissenschaften bekanntlich gewonnen, sodass der Theismus zunächst an seinem fundamentalistischen Anspruch gescheitert war.

Erlaubt man sich etwas Polemik in der Bilanz, darf wie folgt summiert werden: (1) Hinter dem Personalismus steht ein naiver Anthropomorphismus; (2) der Supranaturalismus konfrontiert mit Behauptungen, die dem Erkennen unmöglich sind (so Kant), und er enthält Aussagen, die schlicht unverständlich und also »Nonsens« bleiben (so Wittgenstein); (3) die perfektibilistische Eigenschaftslehre krankt an Inkonsistenzen zwischen diesen Eigenschaften; (4) Gottes Autarkie ist aufzugeben, soll Gott eine wahrhafte Beziehung zu Welt und Mensch unterhalten; (5) die Erklärungsansprüche der Theismen sind längst von anderen Unternehmungen widerlegt und beerbt worden – und dort viel besser aufgehoben.

Warum also sollte man die Diskussion eines mausetoten Theismus auf- oder überhaupt ernstnehmen? Genauer gefragt: War nicht der Theismus ohnehin nur ein Kunstprodukt, das bereits auf den aufkommenden Atheismus der Neuzeit reagierte?[11] Hat die Theologie nicht längst gelernt, ihrerseits souverän mit jener fünfteiligen Eigenschaftsliste umzugehen, um sich a-theistisch zu positionieren? Und was haben die Abstrakta des Theismus mit der Praxis derer zu tun, die sich selbst als Glaubende verstehen? Die dreifache Antwort darauf lautet: Der Theismus im engeren ideengeschichtlichen Sinn mag, erstens, in der Tat das Produkt eines frühmodernen Rationalismus sein; ebenso ist richtig, dass der durch die fünf obigen Merkmale charakterisierte und damit weit verstandene Theismus eine der, vielleicht *die* zentrale Traditionslinie des Christentums seit seinen Anfängen bis heute in etwas gebrochenen Formen darstellt. Dazu gehört, zweitens, durchaus, dass sich die Theologie und Religionsphilosophie auf die eingangs skizzierten Umbrüche um 1800 produktiv eingestellt haben und dabei einige der theistischen Annahmen losgeworden sind oder stark transformieren konnten; dies aber schließt keineswegs aus, dass selbst solche Programme, die sich ausdrücklich gegen den Theismus aussprechen, Eigenschaften wie 1. bis 5. nach wie vor enthalten oder offen verteidigen. Unter den Theismus-Kritikern werden sich also zahlreiche partielle Theisten finden. Und drittens ist mit guten Gründen davon auszugehen, dass jene *extended version* des Theismus der – leider – erfolgreichste Kandidat dafür ist, die systematischen, aber meist verdeckt bleibenden Implikationen gelebter Glaubenspraxis am besten einzufangen: Die meisten Glaubenden sind Theisten, wenn auch *incognito*. Und auch die meisten Nicht-Glaubenden unterstellen Glaubenden, Theisten zu sein. Die wirklichen oder nur vermeintlichen Sehnsüchte, die der Theismus erfüllt, sprechen dabei nicht für ihn, sondern lassen nach den Gründen für diese Sehnsucht fragen. Dennoch ist der Theismus nach wie vor eine der Standardwährungen in der christlichen Religion und ihrer metaphysischen Kommentierung. Dies gilt trotz aller *externen Dynamiken*, welche den Theismus herausfordern, und trotz jener *inneren Erosionen*, die auf die fundamentalen Probleme aufmerksam machen, die der Theismus unweigerlich mit sich führt.

2
Drei Formen des Glaubens

> »Glauben ist ja nicht ein separater Akt,
> irgendein spekulativer Aufschwung ins
> Jenseits. Sondern Glauben ist das Bestimmt-
> sein der Existenz als Existenz im Diesseits,
> und darum nicht etwas *neben* all dem,
> was ich tue und leide, hoffe und erfahre,
> sondern etwas, was konkret nur ist *in* all
> diesem, also die Bestimmtheit meines Tuns,
> Leidens, Hoffens und Erfahrens.«

Gerhard Ebeling[12]

Es ist ein ganz dualistisches Bild, welches hinter dem theistischen Bund zwischen Gott und Mensch steht. Schöpfer und Schöpfung befinden sich somit in fundamental getrennten Sphären (so 1. bis 3.). Diese Trennung wird durch Gottes Eingehen in seine Schöpfung, durch das Wirken Jesu Christi in und an ihr sowie das fortwährende Handeln seines Geistes nicht einfach aufgehoben, aber doch ereignishaft überschritten (so 4. und 5.). Wie betont, ist dieses Verständnis des Theismus weit gefasst. Es integriert viele seiner engagiertesten Gegner und spiegelt zugleich, was in der Glaubenspraxis an systematischen Annahmen meist lautlos mitläuft. Damit wird sichtbar, wie umfassend die hiesige Kritik am Theismus ausfällt.

Das letzte Aufbäumen der Theisten besteht nicht selten darin, den Atheisten mit einer unglücklichen Alternative zu konfrontieren: *Entweder* argumentiere man mit einer im skizzierten Sinn ›robusten‹ Gottesvorstellung; *oder* es sei theologisch alles verloren. Frei nach Pep Guardiola: »Theismus oder nix!« Doch wie einst der Glaube aus einer lebensweltlichen Selbstverständlichkeit zu einer vermeidbaren Praxis der Frömmigkeit geworden ist, so hat sich umgekehrt der wirkmächtige Theismus zusehends in eine Alternative unter anderen gewandelt. Heute schließlich bietet er keine lebendige Option mehr, die lebensweltlich ohne Illusionen tragen würde und intellektuell verantwortet werden könnte. Einen theistischen Gott, den es gibt, gibt es nicht.

Diese prekäre Konstellation wird auf drei sehr unterschiedlichen Wegen verarbeitet, von denen wir den letzten weiterverfolgen werden. Zunächst begegnet man auch heute noch Restbeständen atheistischer Religionskritik. Doch sie leistet sich den performativen Widerspruch, selbst in religiösem Eifer aufzutreten. Ich denke hier vor allem an die Vertreter des »New Atheism«, die in Vielem gar nicht Unrecht haben, aber nicht mitbekommen, dass es theologische Projekte gibt, die interessanter sind als das von ihnen so blindwütig Kritisierte.[13] Sodann treffen wir auf Versuche, den metaphysischen Ballast des Theismus abzustreifen. Das tun sie, indem die christliche Religion entweder auf eine moralisch integre Lebensweise zurückgeführt wird (*Ethisie-*

rung) oder diese als Teil eines heilsamen Geisteslebens verstanden wird (*Spiritualisierung*) oder sie als meist behandlungsintensive Struktur nicht ganz freier Seelen abgetan wird (*Psychologisierung*). So verständlich jener Versuch erscheint, so sehr macht er sich einer Verkürzung des Phänomens schuldig. Christlicher Glaube muss mehr sein, als die Troika aus Moral, Geist und Seele suggeriert.

Bleibt also die dritte, hier nun zu bedenkende – *atheistische* – Reaktion. Im Gegensatz zu den ersten beiden Repliken klammert sie die Alternative ›Theismus/Atheismus‹ ein, welche selbst noch in der Kritik fortbesteht. Die dortige Annahme lautet, dass eben jene Begriffe sich komplementär zueinander verhielten: Theismus oder Atheismus – *tertium non datur*. Genau diese Prämisse ist falsch: Zwar schließen sich beide Begriffe aus, aber sie sind zusammen keineswegs erschöpfend. Eine dritte Option jenseits dieses binären Codes könnte immerhin möglich sein.

Um dieser Möglichkeit nachzugehen, kehren wir kurz zu unseren drei Begleiter:innen vor dem Gemälde zurück. Unter verschiedenen Hinsichten betrachten sie einen Gegenstand, der ihnen durch ihre divergenten Perspektiven unterschiedlich erscheint. Die Differenz zwischen dem Vertreter von Sotheby's, dem Kunstliebhaber und der Chemikerin liegt *nicht in unterschiedlichen Gegenständen der Betrachtung, sondern in den verschiedenen Betrachtungen dieses einen Gegenstandes*. Überträgt man jene Szene ins Theologische, wird aus dem Gemälde als Gegenstand die Welt als Bezugspunkt unterschiedlicher Beschreibungen. Für notwendig ›mehrsprachige‹ Gläubige gehört zu dieser deskriptiven Vielfalt die religiöse Artikulation. Nicht ein angeblich separater Gegenstandsbereich bildet nun noch das Thema ihrer religiösen Aussagen und Empfindungen, sondern in ihnen drückt sich ein ganz anderer und neuer Modus aus, sich auf diese eine Welt – glaubend – zu beziehen.

Die vom Theismus abgewiesene Pointe einer sich atheistisch verstehenden Theologie lautet: Nicht um einen dogmatisch hinzugefügten Gegenstand ($n + 1$) neben all denen, die es sonst für den Glauben *und* Nicht-Glauben gibt ($a, b, c, \ldots n$), geht es theologisch. Vielmehr handelt es sich um einen neuen Blick auf genau diese Gegenstände ($a, b, c, \ldots n$), die es auch für all die alternativen Beschreibungen unter anderen Hinsichten gibt. Kein ontologisch autarkes Wesen wird nun theologisch charakterisiert, sondern die Theologie expliziert den glaubend vollzogenen Bezug auf diese eine Welt. *Der atheistischen Revision religiösen Glaubens geht es folglich nicht um einen zur Welt addierten Referenten, sondern um eine irreduzible Referenz auf die uns umgebende Welt.*

Diese atheistische Revision beruht auf einer veränderten Architektur des Glaubensbegriffs. Und so ist es nötig, die Differenzen innerhalb dieses konzeptuellen Feldes etwas genauer zu betrachten. Zunächst ist deutlich, dass etwas zu glauben überhaupt nicht auf die religiöse Sphäre abonniert ist. Wer etwas glaubt, bringt zum Ausdruck, das Geglaubte nicht zu wissen, aber auch, bestimmte, wenn auch schwache Gründe für das Geglaubte zu haben. Folglich handelt es sich um einen als mehr oder weniger wahrscheinlich erachteten Gegenstand. Gegenüber diesem an Sachverhalten und Fakten orientierten Verständnis kann man die Beziehung zu derjenigen Person hervorheben, von der jener Gegenstand übermittelt wird. Nun betont der Glaube das Vertrauen (lat. *fiducia*), welches man dem Übermittler der Nachricht entgegenbringt. Diese Variante kann sich zuletzt derart steigern, dass es gar nicht mehr um bestimmte Inhalte geht, sondern um den Umstand, dass die glaubende Verbindung zu einer anderen Person im Vordergrund steht. Die im Glauben adressierte Person wird nun ihrerseits zum Inhalt ebendieses Glaubens. Diese semantischen Unterschiede sind in unseren gewöhnlichen Sprachgebrauch eingelassen und legen einen doppelten Glaubensbegriff frei, dessen zweite Hälfte sich nochmals aufteilt:

1. glauben, dass … (*faktual*);
2.1 jemandem glauben … (*fiduzial*);
2.2 an jemanden/an etwas glauben … (*personal*).

Es ist wesentlich, dass diese Unterschiede Beachtung finden. Es ist ebenso wichtig zu vermeiden, ein Glaubensverständnis den anderen grundlos vorzuordnen. Genau dies wird zugunsten des ersten Ansatzes häufig getan, wobei der Theismus lediglich den theologischen Ableger dieser Reduktion darstellt. In der Tat ist der Glaube, dass etwas (x) der Fall sei, die sich zunächst aufdrängende Bedeutung. Glauben steht hier für ein halb ungesichertes Für-wahr-Halten, das irrtumsanfällig bleibt und doch Wahrheitsansprüche in Bezug auf x erhebt. Der Glaube befindet sich hier in einem Spektrum, das zwischen bloßem Vermuten und strengem Wissen liegt, während diese Mittelposition auch von verwandten Termen angezeigt werden kann. Man denke an ›der Meinung sein‹, ›annehmen‹, ›sich darauf verlassen‹, ›erwarten‹, ›davon überzeugt sein‹ oder ›finden, dass x‹. Oft geben wir uns mit dem Glauben und seinen vielseitigen Ablegern zufrieden, weil sichere Auskünfte (etwa beim Wetter) unnötig sind. Ist jedoch Sicherheit erforderlich – wie etwa in den *Wissen*schaften –, müsste man bedauern, lediglich glauben zu können, ohne Wissen zu erlangen. So versucht man schließlich, das eine – methodisch geleitet und mittels etablierter Verfahren (z. B. durch Beobachtung oder Experimente) – in das andere zu überführen. Man möchte oder darf es also nicht dabei belassen, zu wissen, dass man glaubt, dass x, sondern man bemüht sich durch Hinzuziehung zusätzlicher Gründe, die eine propositionale Einstellung durch eine epistemisch höhere zu ersetzen. Glauben könnte dann dem Wissen als »gerechtfertigter wahrer Meinung« – so die traditionelle Definition des Wissens[14] – weichen. Es gibt tatsächlich einige Philosoph:innen, die ›glauben‹, dass damit alles Wesentliche zum Glauben gesagt sei. Demnach sei es dem Glauben wesentlich, faktual bzw. propositional zu sein (glauben, dass x).[15] Aber etwas zu glauben, ist leicht fehleranfällig. Und das ist auch hier der Fall.

Dies wird sofort klar, wenn wir uns dem zweiten Verständnis zuwenden. Hier drückt der Glaube (*fides*) die Art der Beziehung zu jemandem aus. Der konkrete Inhalt ist dabei zwar nicht irrelevant und muss eine gewisse Wahrscheinlichkeit haben, damit jenes glaubende Verhältnis nicht ins Irrationale abgleitet. Doch als Synonyme fungieren nicht mehr das Meinen oder Vermuten, sondern das Sich-Verlassen bzw. Vertrauen auf jemanden (2.1). Wie erwähnt, können beide Aspekte konvergieren, wenn Adressat und Inhalt identisch werden, um an etwas oder jemanden zu glauben. Auch hier ist der Bezug zum Inhalt oder zur Person im Fokus, um die Treue, Bindung oder gar Selbstverpflichtung im Glauben zu dokumentieren und zu bezeugen. Ohne ein persönliches Involviertsein gibt es diesen Akt des Glaubens offenbar nicht (2.2). Aus theologischer Sicht ist diese fiduziale bzw. personale Version insofern zentral, als zunächst das glaubende Vertrauen des Menschen auf Gott allen möglichen – und nun erst wirklichen – Inhalten dieses Glaubens vorausgeht. Die *fides* als *fiducia* rückt folglich denjenigen ins Zentrum des theologischen Interesses, der sich in Vertrauen als Inbegriff eines ganzen Netzwerkes unterschiedlicher Empfindungen auf Gott ausrichtet. Die Bibel ist reich an Bildern und Narrativen, die genau diese Empfindungen Gott gegenüber ausdrücken. Man denke an den Dank, aber auch die Klagen in zahlreichen Psalmen des Alten Testaments (etwa Ps 136) oder die Weise, in der die Hoffnung vom Apostel Paulus in seinen Briefen geradezu besungen wird (klassisch I Kor 13).

Und schließlich gibt es einen Begriff des Glaubens, der weder den Inhalt noch den Bezug zu einem Adressaten betont, sondern die Weise bezeichnet, in welcher andere Tätigkeiten glaubend oder im Glauben durchgeführt werden. Der Glaube bildet dann die Näherbestimmung einer ganzen Lebensführung, die für Menschen und ihre Existenz grundlegend wird. Man kann sich diesen Status anhand der Grammatik verdeutlichen. So spielt der *Glaube als Nomen* hier eine nur sekundäre Rolle. Ebenso zweitrangig bleibt das *Glauben als Verb*, welches eine Tätigkeit personalen oder fiduzialen Zuschnitts bezeichnet. Hingegen fasst der modale Ansatz den *Glauben als Adverb* auf. Hier bezieht sich ›glauben‹ gerade nicht auf eine eigenständige Praxis, sondern auf die modale Näherbestimmung anderer Tätigkeiten. Damit erweitert sich unsere obige Liste:

3. etwas glaubend/im Glauben tun … (*modal*).

Im Vergleich zur ersten und zweiten Version haben wir es hier offenbar mit einer versteckteren Alternative zu tun. Sie wiederum bestimmt den Glauben in semantischer und folglich auch theologischer Hinsicht entscheidend anders und neu. Denn als Adverb bezeichnet der Glaube keinen separaten Akt, sondern eine Qualifizierung von anderen Tätigkeit(swort)en, die bereits vorausgesetzt sind. Dadurch wandelt sich das, was der Glaube konkret tut und leistet. Streng theologisch betrachtet, gehört er der Liste all jener Verrichtungen und Aktivitäten, aus denen sich das Leben zusammensetzt (A, B, C, …, Z), nicht an, sondern steht – um es etwas technischer auszudrücken – als qualifizierender Operator G nicht innerhalb der Klammer, sondern vor ihr. Also: $G(A, B, C, …, Z)$.

Genau dieser ›operative‹ Umstand ist von dem Theologen Gerhard Ebeling treffend (im Motto) beschrieben, wenn der Glaube als »Bestimmtsein der Existenz« charakterisiert wird. Demnach kann der Glaube nicht zu allen anderen Tätigkeiten des »Tuns, Leidens, Hoffens und Erfahrens« einfach addiert werden, sondern *in* ihnen wird er konkret, indem er sie qualifiziert. Der Glaube gehört nicht in jene Reihe der Tätigkeiten – seien sie banal, seien sie außergewöhnlich –, sondern er bestimmt sie als Operator »im Diesseits«.

Diese immer noch recht abstrakte Skizze lässt bereits erste Folgerungen zu. Zum einen ist mit dem Glauben keine nur bedauerliche Einstellung verbunden, die dem epistemisch anspruchsvolleren Wissen den Vortritt geben müsste. Hier wird kein gesondertes Erkenntnisorgan und schon gar kein spezieller Gegenstand behauptet, die durch den Nichtglauben als Fantasieprodukte dementiert werden müssten. Zum anderen lässt der Glaube (als adverbiale Bestimmung aller sonstigen Vollzüge) andere Operatoren zu. Der Konflikt unterschiedlicher Lebensorientierungen besteht dann nicht mehr im Dissens über einzelne Gegenstände. Dies gehörte noch der $n + 1$-Logik an. Vielmehr handelt es sich um divergente Bestimmungen, die den Inhalt der Klammer – das »Tun, Leiden, Hoffen und Erfahren« – im Ganzen qualifizieren. Solche Bestimmungen sind säkulare Operatoren oder auch andere Religionen.

Die bislang vorgenommenen Umbauarbeiten können als *Modalisierung des Glaubens* bezeichnet werden, um den durchaus (pro)grammatischen

Anspruch ebendieses Unternehmens einzufangen. Damit mag zugleich deutlich werden, wie weit wir uns von all den Ablegern des expliziten Theismus, aber auch von seinen *undercover*-Versionen entfernt haben. Es ist für das Verständnis des Glaubens bereits viel gewonnen, wenn die hier differenzierten Lesarten – faktual, fiduzial und personal sowie modal – sauber auseinandergehalten werden. Umgekehrt formuliert: Zahlreiche Konfusionen innerhalb gegenwärtiger Religionsdebatten gehen darauf zurück, dass die hier angezeigten Unterschiede einfach kassiert werden. Wie zu sehen war, ist davon abzuraten.

3
Glauben und Aspekte-Sehen

Das skizzierte Programm eines modalisierten Glaubensbegriffs gilt es nun etwas genauer zu verfolgen. Darin steckte zunächst der kritische Einspruch gegen die traditionelle Doktrin, einem an Sachverhalten orientierten bzw. an einen Adressaten gerichteten Glauben den theologischen Vorzug zu geben. Die konstruktive Vorderseite zeigte auf, dass es eine veritable Alternative dazu gibt, die den Glauben als Adverb ansieht, dadurch die Vollzugsdimension religiösen Glaubens betont und erst von dorther die faktuale bzw. fiduziale und personale Option verständlich macht. Folglich sollen diese traditionellen Lesarten keineswegs ausgeschlossen werden. Sie kommen aber in einer modalisierten Architektur des Glaubens (wo)anders zum Tragen (dazu Abschnitt II.4).

Wenden wir uns also dem Begriff des Glaubens zu, der diesen als *adverbum* charakterisiert. Demnach bestimmt der Glaube als Operator die Elemente innerhalb der Klammer, sodass deren gesamter Inhalt ganz anders und neu verstanden wird. Nichts Anderes und Neues wird inhaltlich behauptet, sondern der eingeklammerte Inhalt – gleichsam unser Lebensvollzug vom Tun über das Leiden und Hoffen bis zum Erfahren – wird anders und neu verstanden.

Es geht folglich um den Glauben als eine besondere Art des Verstehens.

Das Verstehen von etwas ist jedoch nur die Kurzformel für eine komplexere Struktur, die in etwa wie folgt summiert werden kann: *jemand versteht etwas (i) durch etwas (ii) als etwas (iii)*. Das gilt für alltägliche Zusammenhänge wie den Straßenverkehr, wenn eine Fahrradfahrerin ein bestimmtes Symbol durch ihr Vorwissen als Stoppschild identifiziert und sich hoffentlich entsprechend verhält. Und es gilt ebenso in religiösen Kontexten, wenn ein glaubender Mensch durch die Schriften und Lehren seiner Tradition »die Lilien auf dem Feld« (Mt 6,28) als Teil von Gottes Natur wahrnimmt und schützt.

Das so verstandene Verstehen ist nach dem Paradigma des Sehens konfiguriert. Auch dort ist es offenbar so, dass wir etwas *durch* etwas *als* etwas sehen oder auffassen können. Was man sieht und zu verstehen versucht – sei man Vertreter eines Auktionshauses oder Kunstliebhaber oder Chemikerin oder alles drei zusammen –, sind Ausschnitte der Wirklichkeit (i), die in unterschiedlichen Hinsichten ganz verschieden in Erscheinung treten. Mit dem religiösen Glauben, der grammatisch als adverbiale Bestimmung auftritt, wird demnach eine weitere Hinsicht ins Spiel gebracht. Sie verdankt sich der christlichen Tradition samt ihrer Texte, Riten, Lieder, Bilder und Lehren im Kontext einer gemeinschaftlich gelebten Praxis (ii). Diese *mediale* Dimension hat zugleich Auswirkungen auf das, was als Gegenstand gesehen und auf welche Weise dieser Gegenstand verstanden wird (iii).

Das Bild im Prolog mit unseren drei Begleiter:innen machte deutlich, dass es diese divergenten Hinsichten geben kann und in welchem Verhältnis sie zueinander zwischen Vereinbarkeit und Konflikt stehen mögen. Mit der medialen (durch etwas) und gegenständlichen Dimension (als etwas) gehen wir auf zwei daran direkt anschließende Fragen ein: *Was* wird dort überhaupt gesehen und verstanden? Und *wodurch* wird es *so* gesehen und verstanden? Beide Probleme stellen sich umso dringlicher, als kein zusätzlicher Gegenstand hinzutritt, ja nicht einmal an jenem Gegenstand irgendetwas verändert wird. Wie kann das sein?

Betrachten wir folgende Figur:

Es wird kaum Mühe bereiten, den Hasen und die Ente in dem recht bekannten und spartanischen Bild zu erkennen. Bestimmte Elemente wie Hals oder Auge sind für beide Tiere identisch. Anderen Elementen kommt zwar eine Funktion zu, sie spielen aber jeweils unterschiedliche Rollen. So ist offensichtlich der Hasenmund der Hinterkopf der Ente, deren Schnabel wiederum die langen Löffelohren des Hasen bilden. Ludwig Wittgenstein spricht hier von »Aspekten« desselben Bildes.[16] Damit ist gemeint, dass das Bild *hermetisch-mehrdeutig* ist, d. h. die Aspektambivalenz verdankt sich dem Bild selbst und nicht externen Zusatzinformationen (obgleich der Hintergrund relevant sein kann); sodann, dass das Bild *uneindeutig-stabil* ist, d. h. der eine Aspekt löst den anderen nicht ab oder verdrängt ihn, sondern alle Aspekte bestehen gemeinsam, trotz möglicher Präferenzen; und schließlich, dass das Bild *funktional-vollständig* ist, d. h. jedes Element muss in allen Aspekten eine Rolle spielen und keines darf in einem Aspekt vakant bleiben. Hermetische Mehrdeutigkeit, uneindeutige Stabilität und funktionale Vollständigkeit konstituieren nun unterschiedliche Aspekte eines Bildes als Möglichkeiten des Sehens und Verstehens.

Parallelisieren wir nun das Aspekte-Sehen mit dem religiösen Glauben, verhalten sich die Dinge etwas anders. Die mehrdeutige Figur muss ersetzt werden durch die uns – ebenso mehrdeutig – umgebende Wirklichkeit. Für diesen Zug drängen sich drei Lesarten auf:

(a) Man könnte behaupten, dass im Gegensatz zum H-E-Kopf im Glauben tatsächlich *etwas Neues in der Welt entdeckt* wird; das ontologische Inventar würde erweitert.

(b) Man könnte vorbringen, dass der Glaube uns *am konstant gehaltenen* ontologischen Inventar etwas sehen lässt, das ohne zu glauben übergangen würde.

(c) Man könnte schließlich argumentieren, dass der Glaube sein *eigenes ontologisches Inventar* mit sich führt – im Wissen, dass es andere gibt.

Für die realistische These (a) sieht es allerdings nicht gut aus. Erinnern wir uns an die funktionale Vollständigkeit, nach der jedem Element in allen Aspekten eine Aufgabe zukommen muss, sodass kein Element unbesetzt bleibt. Dies wird mit (a) gerade bestritten, zumal Gott keine Rolle im dann funktional unvollständigen Aspekte-Sehen des Unglaubens spielen würde. Eine $n + 1$-Logik hatten wir bereits verabschiedet.

Wenn der religiöse Glaube mit dem Aspekte-Sehen analogisiert wird, dann auch das Zum-Glauben-Kommen (oder der Glaubensverlust) mit dem Wechsel von Aspekten. Die Version (b) verpflichtet uns, darin nicht die Entdeckung (oder Bestreitung) eines Sachverhalts zu sehen, sondern die Gewinnung einer neuen Einstellung zur ambivalenten Figur. Gerade wenn wir Wittgensteins Idee des Aspekte-Sehens auf theologischem Terrain fruchtbar einbringen wollen, können wir seine Fokussierung auf die rein visuelle Wahrnehmung auf sich beruhen lassen. Wir sollten uns auf Erweiterungen konzentrieren, die die konzeptuelle und existenzielle Dimension des Aspekte-Sehens hervorheben. Dies bringt es mit sich, dass die Aspekt-wechselnde Konversion zum Glauben im einen Fall auf die (Rück-)Gewinnung begrifflicher Ressourcen hinausläuft, im anderen Fall auf die existenzbestimmende Bereitschaft, das Leben in einem gewandelten Selbstverständnis – nämlich vor Gott – zu führen. Der neue Aspekt der Welt – gleichsam *an* ihr und nicht *jenseits von* ihr – wird in ein anderes Vokabular gekleidet und geht mit einer gewandelten Einstellung dieser Welt gegenüber einher.

Das Anliegen der (b)-Version lässt sich jedoch treffender wiedergeben, wenn an ontologischen Ansprüchen festgehalten wird, sodass man zur stärkeren (c)-Variante übergeht. Während die vorsichtigere Lesart (b) besagt, dass das, was es gibt, feststeht, egal ob man diese Frage im Aspekt des Glaubens oder Unglaubens beantwortet, erhält die Lesart (c) eine Differenz aufrecht. Sie besteht darin, dass es im Aspekt des Glaubens Dinge gibt, die es außerhalb dieses Aspekts nicht gibt, *ohne* der Welt ›untreu‹ zu werden. Darunter fallen Sprachspiele wie ›Gott‹, ›Schöpfung‹ und ›ewiges Leben‹, denen eine spezifische Rolle zukommt (der wir uns im dritten Kapitel widmen). Die hier vorgenommene Verstärkung insistiert also darauf, dass der Glaube eine ihm eigentümliche Vorstellung davon besitzt, was es eigentlich gibt.

Doch die Analogie zwischen Glauben und Aspekte-Sehen hat ihre Grenzen, wobei Analogien gerade dann interessant sind, wenn noch ihr Scheitern erhellend ist. Häufig treffen wir auf Schwierigkeiten, einen bestimmten Aspekt erkennen zu können. Entweder man sieht den Aspekt oder man sieht ihn nicht; es gibt nicht so etwas wie eine ›Aspekt-Kurzsichtigkeit‹. Hier kann etwas pathologisierend von ›Aspektblindheit‹ die Rede sein. Nun lassen sich jedoch unterschiedliche Krankheitsbilder auseinanderhalten. Wittgenstein ist allein am Aspekte-Sehen als *perzeptivem* Akt interessiert – Blindheit wäre einer Sehstörung ähnlich. Nun habe ich dazu angeregt, dieses Verständnis für theologische Zwecke zweifach zu erweitern: So kann es um *konzeptuelle* Möglichkeiten als Aspekte gehen, um die Welt anders zu beschreiben – Blindheit wäre semantische Armut; und es kann um verschiedene Wege der Lebensführung gehen und damit um *existenzielle* Aspekte – Blindheit wäre lebensweltliche Verabsolutierung. Doch der hier eingeübte Transfer des Aspekte-Sehens auf das Feld von Sprachgewinn und Lebensführung zwingt dazu, den Unglauben als heilungsintensive Krankheit anzusehen. Und hier gelangt die Analogie offenbar an ihre Grenze.

Zurück zu den Vorzügen der Analogie. Unsere doppelte Ausgangsfrage lautete: *Was* wird im Glauben gesehen und verstanden, wenn keine zusätzlichen Sachverhalte behauptet werden? Und *wodurch* sieht und versteht der Glaube genau *so*, wenn er einer Modalisierung unterzogen wird? Der Glaube sehe alles anders und neu, inklusive sich selbst – so lautete die ambitionierte Behauptung. Und genau das ist in der Tat der Fall, wie eine Skizze unserer Beziehung zur Welt, zu anderen Menschen und uns selbst zumindest anzeigen kann: Die *Natur* wird nicht als gewinnsteigernde Ressource angesehen, auch nicht als Gegenstand ästhetischer Betrachtung und nicht als ein naturwissenschaftlich zu überprüfender Kausalzusammenhang – sondern der Glaube sieht in ihr Gottes gute Schöpfung, die es zu bewahren gilt (Gen 1). Unsere *Mitmenschen* werden nicht nach monetären Gesichtspunkten zum Thema gemacht, sie werden auch nicht als Träger unserer Sympathie oder als Attraktion angesehen und auch nicht als objektivierbarer Teil der Biomasse – sondern der Glaube nimmt sie als »Nächste« wahr, selbst wenn es sich um Fremde oder gar um Feinde handeln sollte (Mt 5,44). Und *uns selbst* betrachten wir nicht als Eigentümer von Gütern und Besitzer von Werten, auch nicht im Blick auf Körperästhetik oder als Gegenstand wissenschaftlicher und medizinischer Untersuchungen – sondern im Glauben erkennen sich Menschen als von Gott begleitete und gemeinte Geschöpfe, trotz aller Verfehlungen (Röm 3,21 ff.). Und dieser in alle Dimensionen unseres Verhältnisses zur Umwelt, zu anderen Menschen und zu uns selbst hineinreichende Glaube wird nun seinerseits umkodiert, wenn sich der Wechsel der Aspekte ereignishaft vollzieht. Von außen sieht der Glaube wie eine selbst produzierte Illusion aus. Im Glauben aber wird der Glaube als Geschenk verstanden, mit welchem dieser neue Blick auf buchstäblich alles zugespielt wird.

Die Gravität dieses Wandels ist jedoch in einer entscheidenden Hinsicht zu präzisieren. Dass sich tatsächlich »alles« verändert, ergibt sich aus dem Wechsel der Aspekte – vom Hasen zur Ente und analog dazu vom säkularen Blick zum religiösen einer bestimmten Tradition. Der dem Wechsel vorangehende Aspekt wird demnach gerade so belassen, wie er ist – mit der Ente verändert sich also der Hase keinesfalls; ebenso wenig revidiert der Blick des Glaubens die Einsichten der Naturwissenschaften. Interessant wird diese Trennung der Perspektiven gerade dort, wo sie sich nicht auf unterschiedliche Personen verteilt, sondern sich der perspektivische Plural innerhalb eines Menschen entfaltet. Die an Gott glaubende Chemikerin wird demnach keine andere Chemie vertreten können als ihre Kollegin, die diesem Glauben nicht anhängt. Dass sich ›alles‹ ändert, geht auf den Übergang von einem zum anderen Aspekt zurück, ohne dass dieser den initialen Blick auf alles antasten könnte. Weil es sich um Perspektiven und nicht – im Vokabular des Prologs – um Hinsichten handelt, bleibt es folglich bei der hier skizzierten Konstellation eines Alles-oder-Nichts.

Es ist eine ganz andere Sprache und es sind ganz neue Bilder, mit denen sich hier der Welt-, Fremd- und Selbstbezug artikuliert. Unter dem Aspekt des Glaubens wird dem Menschen alles zur Schöpfung, jede:r zum potenziell Nächsten und wir selbst werden zu – so die traditionelle Formel – »gerechtfertigten Sündern«. Wechseln wir den Aspekt oder bleiben wir ›blind‹ für den des Glaubens, verschwindet all das, was im Glauben zu sehen ist. Ohne Glauben also keine Schöpfung, kein Nächster, ja nicht einmal ein Sünder, der auf Erlösung hoffte. Mit dem Glauben als bestimmtem Sprach- und Bildhaushalt kommt ein neuer Aspekt an dem, was es gibt, zum Vorschein – ein Aspekt, den es sonst nicht gäbe, der eine neue Vorstellung davon, was es überhaupt gibt, mit sich führt, und der alles, was es durch ihn gibt, wieder nimmt, wenn dieser Glauben verlustig gehen sollte. Doch bei all der Emphase auf den Glauben und seine Konsequenzen für das Verstehen und Handeln sei ein mögliches Missverständnis sogleich ausgeräumt: Zwar ist dem christlichen Glauben die Rede von der Schöpfung, dem Nächsten und wohl auch der Rechtfertigung des Sünders eigen; damit ist jedoch nicht gesagt, anderen Weisen, das Leben zu führen, wäre es verschlossen, verantwortungsvoll mit der Welt, umsichtig und sensibel mit anderen Menschen sowie selbstkritisch und zugleich wohlwollend mit sich selbst umzugehen. Der Glaube hat kein singuläres Abonnement auf ein nicht-instrumentelles Verständnis seiner Umwelt; aber er hat eins – ohne andere, auch anders kodierte Alternativen auszuschließen.

Und nun fügen sich, so hoffe ich, alle bislang behandelten Segmente zu einem stimmigen Gesamtbild: Die Welt ist offen dafür, auf unterschiedliche Weisen beschrieben zu werden, wie der Auftritt des Vertreters von Sotheby's, des Kunstliebhabers und der Chemikerin dokumentiert hat. Ein Gegenstand wird divergenten Deskriptionen zugeführt, die sich verschiedenen, aber vereinbaren Hinsichten verdanken. Ein traditionell verstandener Glaube verpflichtete noch darauf, nicht nur einen weiteren Zugang zu allem zu behaupten, sondern jenseits des gemeinsamen Gegenstandes etwas Zusätzliches anzunehmen. Ein modalisierter Glaube hingegen verlässt jenes aussichtslose $n + 1$-Denken, indem die Vollzüge unseres Lebens einem neuen Verständnis zugeführt werden. Nichts Neues jenseits des Alten wird behauptet, sondern das Alte in all seinen Dimensionen neu betrachtet. Der so verstandene und sich selbst neu verstehende Glaube kommt nicht einfach in der Reihe dessen, was wir tun, vor, sondern qualifiziert, wie oben zu sehen war, diese Reihe logisch als Operator und grammatisch als Adverb. Die Analogie zum Aspekte-Sehen und der Wechsel zwischen dem Aspekt des Glaubens und denen seiner Bestreitung integrieren dieses logische bzw. grammatische Modul. Folglich begegnet auch hier die hermetische

Mehrdeutigkeit, uneindeutige Stabilität und funktionale Vollständigkeit der Aspekte, sodass außerhalb des Bildes nichts mehr behauptet werden muss. Vielmehr wird *an* allem, was es gibt, Neues gesehen und damit alles anders und neu verstanden. Unser Verständnis davon, was es gibt – die Schöpfung, den Nächsten und uns als »gerechtfertigte Sünder« – bleibt davon gerade nicht unberührt. Und so wird in diesem Wechsel der Aspekte *nichts* geändert – und zugleich *alles*.

4
Wirken und Wirklichkeit Gottes

Bislang haben wir notwendige Arbeiten am Begriff des Glaubens durchgeführt, um einige eingeschliffene Annahmen loszuwerden und verdeckte Bedeutungen freizulegen. Doch wenn es um den Glauben an Gott gehen soll, müsste man dann nicht mit Gott beginnen, statt sich am Glauben abzuarbeiten? Ist nicht zunächst vom Wirken Gottes auszugehen, um erst anschließend davon zu sprechen, wie Menschen auf diese Wirklichkeit antworten? Wäre nicht Gottes Offenbarung der Beginn aller sinnvollen Rede von Gott, damit man sich den Adressaten dieser Offenbarung überhaupt sachgemäß zuwenden könnte?

In der Tat zirkuliert die zeitgenössische Theologie um diese Alternative zwischen göttlicher Offenbarung und der menschlich, allzu menschlichen Religion. Doch diese schon klassische Entgegensetzung von sogenannter Offenbarungstheologie und Religionstheorie ist eine Chimäre. Während Offenbarungstheolog:innen behaupten, alles habe allein von Gott auszugehen, um dann doch sehr genau über Gottes Wesen und Wirken Auskunft zu geben, verbleiben Religionstheoretiker:innen ganz beim Menschen und dessen Einstellungen, Empfindungen und Stimmungen. Den einen droht ein

Selbstwiderspruch, soll Theologie nicht ihrerseits Offenbarungswissen weitergeben, zumal die Dementierung aller humanen Spurenelemente in der göttlichen Offenbarung selbst eine menschliche Auskunft bleibt. Jenen anderen droht hingegen ein Wechsel der Etiketten zu unterlaufen, weil sie vom einen zu sprechen vorgeben, aber eigentlich von etwas ›ganz anderem‹ reden; da helfen auch die bekannten Zusatzannahmen nicht, nach denen Religion schon immer irgendwie verdeckt vorkomme und die ›Anlage im Gemüte des Menschen‹ nur etwas animiert werden müsste.

Leider hält dieser – hier leicht zugespitzt wiedergegebene – Grabenkampf das Fach seit geraumer Zeit gefangen. Und alle, die sich zum Thema äußern, werden sogleich einer Seite dieses »garstig breiten Grabens« (so Lessing in etwas anderem Kontext) zugeschlagen. Das könnte auch dem vorliegenden Text so ergehen, obgleich jene Opposition vermeidbar ist. Um dies zu zeigen, sei das Verhältnis zwischen dem Glauben an Gott und Gottes Wirklichkeit eigens hervorgehoben. Wie wir sehen werden, verbirgt sich hinter einer atheistisch kodierten Theologie nichts anderes als eine bestimmte These zu genau jener Beziehung.

Steigen wir mit einer sehr einfachen Beobachtung ein: Wenn wir von etwas behaupten, es existiere, kommt es offenbar darauf an, wovon hier die Rede ist: mein rotes Rennrad, mein Freund Oskar, die Tugend des Mutes oder die ihr entgegengesetzten Laster, die Zahl Sieben, die Französische Revolution, der Schmerz im linken Knie, die angespannte Atmosphäre in einem Raum oder das Versprechen einem Menschen gegenüber. Häufig orientieren sich Aussagen über die Existenz an dem Dasein von Gegenständen. In der Folge werden Begriffe so behandelt, dass sie sich auf diese Objekte beziehen und nur auf diesem Weg Bedeutung gewinnen. Dadurch kommt es zu einer oft problematischen Trennung zwischen der Welt und der Sprache, was wiederum unsere Ansicht darüber steuert, was Existenz meint. Für einiges trifft es durchaus zu, dass das Gemeinte von der Sprache unabhängig ist, wie mein rotes Rennrad (obwohl schon hier einige Einschränkungen angebracht wären). Für anderes hingegen ist diese Annahme ganz unplausibel. Den Sprechakt »Ich werde dir helfen« gibt es offenbar nicht, ohne auf bestimmte Weise artikuliert zu werden.

Für Theist:innen und ihre Nachfolger:innen ist es ausgemacht, dass das Wort ›Gott‹ wie ›Rennrad‹ oder ein Eigenname funktioniert, damit gesichert ist, dass der so ausgedrückte Sachverhalt unabhängig von unserer Bezugnahme auf ihn besteht. Ähnliche Manöver sind auf dem Gebiet der Ethik zu beobachten, wo in Analogie zu Sachverhalten der dinglichen Welt von »moralischen Tatsachen« die Rede ist, welche ohne unser Zutun universal existieren sollen.[17] Doch das ist ein ziemlich reduziertes Verständnis davon, auf welche Weise es etwas geben kann. Man muss nur noch einmal die obige Liste mit Zahlen, Tugenden, Schmerzen, (Miss-)Stimmungen oder involvierenden Sprechakten durchgehen.

Nicht selten wird eine atheistische Theologie so verstanden, als stimme sie der Annahme zu, dass

Gott nicht – oder nicht mehr – existiere, um dennoch an der Sinnhaftigkeit religiöser Orientierung etwas melancholisch festzuhalten. Zwar sei Gott ›tot‹ oder eine ›Religion ohne Gott‹ nun an der Tagesordnung, aber von der Idee Gottes und ihrem Erbe will man nicht lassen.[18] Und auch noch die gutgelauntjoviale Auskunft, Religion sei ein menschengemachtes Relikt der immerhin schönen Sprache samt einnehmender Gesten – mehr jedoch nicht –, bleibt ein seltsames Zugeständnis; es geht auf eine übersteigerte und dadurch enttäuschungsanfällige Erwartung des ›Mehr nicht!‹ zurück.[19]

All das hat mit dem hier anvisierten Atheismus wenig zu tun. Der Grund liegt darin, dass die Propheten vom Tod Gottes, die Verkünder einer gottlosen Religion und die Analysten religiöser RestOrnamentik denselben Fehler zu begehen drohen wie ihre theistischen Opponenten; denn beide Fraktionen behaupten Familienähnliches: *Entweder* gebe es etwas nach Maßgabe gegenständlicher Sachverhalte *oder* Existenzbehauptungen hingen in der Luft, um daraus einen vorschnellen Illusionsvorwurf gegenüber der nun angeblich entzauberten Religion abzuleiten.

Doch, wie gesehen, tun sich auf dem Feld der Existenz weitreichende Differenzen auf, sodass die eine Redeweise nicht umweglos zum Standard für andere deklariert werden kann. Der als *faktual* beschriebene Glaubensbegriff bedient diese voreilige Standardisierung, indem der Glaube an Gott als eine propositionale Einstellung zu einem davon losgelösten Sachverhalt charakterisiert wird (glauben, dass *x*). Auch der *personal* bzw. *fiduzial* ausgelegte Begriff des

Glaubens setzt damit ein, dass Gott als handelnder Agent betrachtet wird, dem man sich dann im Vertrauen zuwenden könnte ((an) *x* glauben). Im Kontrast zu diesen herkömmlichen Programmen bringt die Modalisierung des Glaubens ein anderes Verständnis davon mit, wie es um den Glauben an Gott bestellt ist. Der Glaube fungiert nun als Qualifizierung aller Tätigkeiten unseres Lebensvollzugs und bestimmt sie als Adverb anders und neu (im Glauben leben). Und nun bleibt zu fragen, was diese *modale Revision* für die Wirklichkeit bedeutet, die glaubende Menschen ›Gott‹ nennen.

Eine der wohl prominentesten Passagen, in denen die Bibel das Sein und Wirken Gottes beschreibt, findet sich im Ersten Johannesbrief. Dort heißt es: »Und wir haben erkannt und geglaubt die Liebe, die Gott zu uns hat: Gott ist Liebe; und wer in der Liebe bleibt, der bleibt in Gott und Gott in ihm.« (4,16) Mir geht es hier weder um eine gefühlsgetränkte Religionslehre noch um eine Erotisierung Gottes, sondern um das Ist zwischen ›Gott‹ und ›Liebe‹. Die Aussage, nach der Gott Liebe »zu uns hat«, legt eine Zweiteilung zwischen Subjekt und Prädikat nahe, mithin zwischen einem Handlungsträger, der als Ursache bestimmte Effekte mit sich führt, und den Eigenschaften, die diesem Träger sekundär zukommen und am Menschen wirken. Der Handelnde und die Handlung, d. h. die personalisierte Ursache und die nicht-personalen Wirkungen, werden gemäß diesen Vorgaben voneinander getrennt.

Doch die zitierte Passage sagt offenbar etwas anderes: Gott *ist* Liebe; und das Ineinander von

Gottes Wirklichkeit und menschlichem Lieben bestätigt diese strenge Gleichsetzung. Bei einer theologisch sanktionierten Separierung zwischen Ursache und Effekt kann es folglich nicht bleiben, nimmt man jene neutestamentliche Regel und ihre Pointe wirklich ernst. Das hat niemand so deutlich hervorgehoben wie einer der engagiertesten Kritiker des modernen Christentums. Und so spricht sich auch Ludwig Feuerbach dafür aus, die Differenz zwischen göttlichem Wesen und göttlichen Eigenschaften als dogmatische Abstraktion aufzugeben. Gott als Subjekt sei nur ein personifiziertes Prädikat, sodass die Leugnung der Prädikate der Verneinung des vermeintlichen Subjekts gleichkomme. Der Atheist sei nicht erst derjenige, der den göttlichen Träger pensioniere, sondern bereits derjenige, der die klassischen Prädikate aus Schrift und Tradition (wie Liebe, aber auch Weisheit, Allmacht, Güte) bestreite. Nun kann man jene Gleichung auch umdrehen und das Festhalten an jenen Prädikaten als theologische Verteidigung ansehen: Wer jene Prädikate bejaht, hält es weiterhin mit Gott, weil zwischen Subjekt und Prädikat eine Identität besteht.

Feuerbach geht nicht nur dieser möglichen Identifikation von Gott als Subjekt und dem Prädikat der Liebe nach, sondern argumentiert auch für diese These. Dies tut er, indem unerwünschte Konsequenzen angedeutet werden, sollte man die erwogene Option nicht wählen. Er sagt: »Solange die Liebe nicht zur Substanz, zum Wesen selbst erhoben wird, solange lauert im Hintergrunde der Liebe ein Subjekt, das *auch ohne Liebe noch etwas für sich ist, ein liebloses Ungeheuer.*«[20] Recht verstanden, schützt die Formel »Gott ist Liebe« also vor der Gefahr, Gott könnte ohne und jenseits der Liebe agieren.

Auch Feuerbach unterstreicht, dass Gottes Wesen zum Prädikat zu erheben sei, sodass Gott im strikten Sinn sein Wesen *ist*. Polemischer gewendet heißt es bei ihm, dass die Liebe ungläubig sei, da sie nichts Göttlicheres als sich selbst kenne.[21] Liebe und Glaube werden hier in einen produktiven Widerspruch verwickelt, und zwar zugunsten der Liebe und – so paradox es scheint – im Namen des Glaubens an Gott. Fluideren und in diesem Sinn atheistischen Formen der Gotteslehre ist nun Raum zu verschaffen. Demnach bleibe die Wirklichkeit Gottes abhängig von seiner Tätigkeit, sodass Gott reiner Akt sei und ganz in seinen Handlungen aufgehe. Ein untätiger Gott ist keiner. Da aber diese Handlung seine Liebe ist, kann Gott nicht allein Gott sein, weil er als Liebe auf das andere seiner selbst angewiesen ist. Nimmt man Gott die Prädikate, die auch Menschen zukommen, löste man daher seine Weise der Existenz als Wesen auf.[22] Und so gilt folglich: *Gottes Wirklichkeit ist sein liebendes Wirken am Menschen.*

Man kann sich den prädikativen Zusammenhang von ›Gott‹ und ›Liebe‹ an folgendem Beispiel verdeutlichen: Lothar Matthäus war bekanntlich ein Fußballstar und kommentiert heute (überraschend umsichtig) das Geschehen der Bundesliga. Nun könnte es aber sein, dass jemand Lothar kennenlernt, der von dessen Sportkarriere gar nichts weiß. Übertragen wir diese kleine Szene ins Theologische (nein, vom Fußballgott wird nicht die Rede sein):

Jene Möglichkeit der Bekanntschaft mit Gott, ohne ihn als den Schöpfer aller Dinge zu kennen, ist hier gerade ausgeschlossen. Im Gegensatz zu ›Lothar Matthäus‹ und ›Fußballspieler‹ sind die Prädikate ›Gott‹ und ›Schöpfer‹ *intern* miteinander verbunden. Diese innere Relation lässt sich näher bestimmen, indem sie zugleich verstärkt wird: Anders als ›Fußballspieler‹ werden die Prädikate ›Hand‹ oder ›Körper‹ nicht einem bestimmten Menschen zugeschrieben, weil diese ausdrücken, was es heißt, ein Mensch zu sein. Und wie ›Hand‹ oder ›Körper‹ zu ›Mensch‹ stehen, so stehen ›Liebe‹ oder ›Schöpfer‹ zu ›Gott‹. In beiden Fällen ist es sinnlos, nach einem von all den konkreten Merkmalen unabhängigen und dadurch zuletzt undefinierbaren Träger zu suchen. Es ist folglich eine vermeidbare Verwirrung, wenn man gleichsam ›hinter‹ dem Körper noch seinen vermeintlich ›nackten‹ Träger auffinden wollte. Und genauso bleibt es konfus, ›hinter‹ der Liebe noch einen potenziell lieblosen Gott – Feuerbachs »Ungeheuer« – entdecken zu wollen. Wie jene Passage aus dem Ersten Johannesbrief festhält, ist Gott Liebe. In einem anderen Sinn gibt es ihn nicht.[23]

Verbinden wir nun die Überlegungen zu Gott und Glaube. Was Gott betrifft, muss die Trennung zwischen einem substanziellen Träger und seinen sekundären Eigenschaften, d. h. zwischen einem personalen Subjekt und den diesem Subjekt zugeschriebenen Prädikaten, aufgegeben werden. Gott ist im strengen Sinn Liebe, kann aber auch weitere Prädikate wie Weisheit, Macht und Güte besitzen, wobei jene klassischen Prädikate als Bestimmungen ebendieser

Liebe fungieren: die Weisheit, Allmacht und Güte der Liebe, die Gott ist. Mit Gott wird kein Träger ›hinter‹ diesen Eigenschaften reaktiviert, sondern ›Gott‹ als (In-)Begriff leistet nichts anderes, als diese Eigenschaften zu summieren. Gott ist real, indem er so wirkt, wie seine Prädikate es anzeigen: Gottes Wirklichkeit als Liebe und Gottes liebendes Wirken sind eins. Jenseits dieser atheistischen Gleichsetzung gibt es keine metaphysischen Rückversicherungen.

Parallel dazu verliefen die grammatischen Umbauarbeiten am Konzept des Glaubens, das einer Modalisierung unterzogen wurde. Der Glaube als logischer Operator und grammatisches Adverb bezieht sich nicht mehr auf vereinzelte Inhalte, sondern charakterisiert den gesamten Vollzug menschlicher Existenz. Mit dem Wechsel der Aspekte in und an der uns umgebenden Welt sieht und versteht dieser Glaube alles anders und neu. Und dies tut er auf eine Weise, die nach biblischer Überzeugung nun ihrerseits konkretere Charakteristika aufweist: Man denke an Hoffnung, Vertrauen – und Liebe, an welchen der glaubende Mensch partizipiert, indem er in sie involviert wird und mit und in ihnen lebt. Nicht an dieses oder jenes glaubt die Glaubende, sondern sie vollzieht ihr Leben auf eine bestimmte Weise, die vom Glauben – und Hoffen, Vertrauen sowie Nächsten- und Fernstenliebe – durchdrungen sein soll. Der Mensch steht dieser Wirklichkeit nicht gegenüber, sondern partizipiert an ihr – selbst wenn es im konkreten Vollzug des Glaubens nie in dieser vermeintlichen Reinheit geschehen wird, wenn es diese klaren Demarkierungen nirgends geben kann und wenn das Fragmentarische, Bruchstückhafte, Tastende, oft auch Scheiternde zu der Wirklichkeit des Glaubens selbst wesentlich gehört (dazu Abschnitt II.5).

Ist also mit dem Glauben *an Gott* einzusetzen, der sich allein diesem Gott verdanken soll – wie ebendieser Glaube hofft? Oder doch mit dem *Glauben* an Gott, der Menschen unverdankt zugespielt wird – wie wiederum dieser Glaube gewiss ist? Diese Alternative löst sich auf, sobald Gottes Existenz atheistisch dekliniert wird. Existenz Gottes heißt folglich, dass Gott für Menschen wirklich wird, indem er an ihnen wirkt und dadurch für sie alles anders und neu aussieht. An Gott zu glauben, bedeutet, dass Gott wirklich ist, indem sich seine Wirkungen am Menschen entfalten. Der Hauptsatz einer atheistisch kodierten Theologie lautet demnach: Nicht *an* Gott wird geglaubt, sondern *in* Gottes Wirklichkeit wird gelebt. Gott *ist* die Wirklichkeit des Glaubens.

Exkurs I: Gott und/als Kunst

> »*Gott* offenbart sich. Er offenbart sich *durch sich selbst*. Er offenbart *sich selbst*. Wollen wir die Offenbarung wirklich von ihrem Subjekt, von Gott her verstehen, dann müssen wir vor allem verstehen, daß dieses ihr Subjekt, Gott, der Offenbarer, identisch ist mit seinem Tun in der Offenbarung, identisch auch mit dessen Wirkung.«
>
> Karl Barth[24]

> »Wie es innerhalb und außerhalb der Kunst ohne das Vermögen ästhetischer Wahrnehmung keine ästhetischen Objekte gibt, obwohl diese unabhängig vom aktuellen Vollzug dieser Wahrnehmung bestehen und obwohl sie sich in diesem Vollzug als ein objektives Spiel von Erscheinungen zeigen (...).«
>
> Martin Seel[25]

Liebe Leserin, lieber Leser! Deine Geduld wird langsam ihrem wohlverdienten Ende entgegengehen, befürchte ich. Dabei sind wir doch erst bei der Hälfte meines »Versuchs« angelangt. Nur in dürren Worten wurde bislang von der Wirklichkeit Gottes und seiner Offenbarung gehandelt. Wo blieben der

Zauber und Geist wahrer Religion – ihre Feier, ihr Gottesdienst, ihre Gaben? Und wo ist die Macht und Liebe Gottes, die den einen ergreift und den anderen erschaudern lässt? Was soll dieser Report von den Rändern der Grammatik, um deren Recht es doch selbst nicht zum Besten stehen dürfte! Denn ist es nicht so, dass dem Allmächtigen hier so vieles genommen wurde, das einst in seinen Bezirk fiel? Ein kraftloser Emeritus sitzt nun ohne wahrhafte Aufgaben da oder dort. Und nun kommen ihm auch noch Persönlichkeit und Subjektsein abhanden! Wo soll das alles hinführen, wenn selbst Blasphemien schon unbekannte Relikte sind?

Jene Klagen weiten sich aus – von dogmatisch ungedeckten Konten auf denjenigen, der von ihnen abheben wollte. Ist hier nicht die ganze Zeit geschummelt worden, um mit allerlei Gleichsetzungen die eigentliche Botschaft zu vernebeln? Den Begriffen des Gegners nachjagend, nur um sie mühsam umzudrehen! Doch findet man auf ihrer Rückseite wirklich anderes, als was schon die Vorderseite versprach: Atheismus als ›Nein!‹ zu Gott und als Freude über sein finales Abdanken?

Doch man bedenke, dass das nur scheinbar Genommene auch etwas sein mag, das der Gottheit niemals zukam; dass der Schwindel auf anderen Gebieten der Theologie längst begangen wurde. Erleichterung und Hochstimmung sind nun kaum zu erwarten. Wie jener, der eines Fehlers überführt wurde, aber ärgerlich auf den ist, der diesen erkannte, so mag auch hier das Rechtbehalten den Sieg über das Richtigliegen davontragen.

Doch die einen unserer nicht gerade florierenden Profession suchen die Gottheit im Außen, finden sie aber nirgends; dabei könnte ihre Verwunderung Anlass genug sein, die Prämissen ihrer Gleichung zu befragen. Die anderen aber – und sie sind die Mehrheit – verlegen sich aufs Innen, um Gott auf ›Gott‹ zurückzuführen; doch der Gott in Anführungsstrichen und als Element rein humaner Deutungen des ›Universums‹ scheint doch etwas anderes zu sein als eine Wirklichkeit, mit der ein Mensch lebt.

Wir müssen die Annahme loswerden, hinter jedem Ereignis stünde eine Täterin, jedes Zeichen besitze einen Absender, jeder Ruf einen persönlichen Adressaten, jedes Werk einen Autor als Subjekt. Viel wäre gewonnen, würden wir vor diesem Übergang nur ein wenig zurückschrecken; und könnten dabei verbleiben, uns auf das Ereignis zu besinnen, die »Zeichen der Zeit« zu erkennen, jenen Ruf, der uns erreicht, zu hören oder das Werk zu vernehmen, aus dessen Wort und Melodie sich uns Ungeahntes eröffnet!

Was wäre, wenn all dies aufs Christentum und seinen Gott, Sohn und Geist zuträfe! Eine Atmosphäre bester Stimmung, die alles veränderte! Überall ist nun Gottes Wirken als seine Offenbarung an uns am Werk; und der Mensch wird beschenkt von etwas, das er sich nie hätte selbst geben können – ganz passiv, wie es die Tradition will; jenseits der Ökonomie, auch der des Heils; wohl auch vollkommen unverdient; aber eine Revolution der Denkungsart und Sehweise, die alles neu macht. Reden nicht die heiligen Schriften und ihr Kanon von diesem

Geschehen, das – ja, es ist zweideutig und muss es sein – Gott schafft? Wird dieses Andere und Neue nicht gefeiert mit Wort und Sakrament?

Alles zu wenig und noch nicht genug? Aber ich werde Dich sogleich fragen: Was willst Du mehr, ohne die Kapitel hyperbolischer Metaphysik oder semi-heiliger Sittenlehren erneut aufzuschlagen? Wo bleibt Gott als Souverän?, mag respondiert werden. Wo seine Selbstständigkeit, sein Dasein vor und ohne uns, den elenden Sündern und ihrer verkommenen Welt? Ganz recht! Nur, wo könnte die Gottheit sein, wenn nicht in ihrer eigenen Offenbarung an und für uns? Und sagte nicht sogar jener Schweizer Patron einmal, dass Gott und Offenbarung, das Sein des Heiligsten und die Wirkungen des Offenbarten ganz eins seien? Dann aber muss die Offenbarung als Subjekt, Inhalt und Wirkung doch irgendwo ankommen! Und könnte es bei Gott denn unglückliche Offenbarungen geben, jene also, die Ereignis wurden, doch auf niemanden trafen, dem sie etwas bedeuteten? Vollenden sich Offenbarungen nicht genau dort, wo sie Offenbarungen für jemanden sein werden? Und wenn, so war die Prämisse, Gott seine Offenbarung sei, bräuchte er dann nicht den Menschen? Nicht als Beschränkung seiner Freiheit und Güte; aber als Ort, an dem sich seine Effekte entfalten können – als die Wirkung, die er selbst ist!

Habe ich wenigstens einige Zweifel bei Dir sähen können mit diesem *argumentum ex revelatione*? Wohin mit der theologischen Empörung, wenn selbst kirchliche Dogmatiken keine Zuflucht mehr bieten, weil sie selbst dieses Argument vortrugen! Ist nicht zu erkennen, dass alle Offenbarungen Gottes ihm von seiner Macht gar nichts nehmen, doch uns alles geben, weil nun wirklich alles anders und neu ist? Nicht *an* Gott glaubt der Mensch, so sagten wir bereits, sondern *in* seiner Wirklichkeit wandelt der von ihr getroffene Mensch, dem Gott sich in seiner unendlichen Freiheit offenbart.

Und bedenke doch, dass es bei Werken der Kunst um ihre Eigenständigkeit genauso gut steht, obgleich wir es sind, die sie betrachten – und sie so zur Kunst werden lassen! Du wirst zustimmen, dass jene Werke nicht einfach ›da‹ sind, jenseits des rein Gegenständlichen. Zunächst haben wir es nur mit gewissem Material zu tun, das als solches noch kein Werk der Künste zu nennen wäre; es kann dies nur werden, wenn es betrachtet wird, ohne dass dies jenen ›fröhlichen Wechsel‹ vom Werk zum Kunstwerk be*werk*stelligen würde. Sicher, es ist etwas ›da‹, ohne von uns aufgenommen zu werden, und nicht, weil es unserer Betrachtung unterzogen würde. Und doch ist für das Sein des Kunstwerkes zu behaupten, dass ohne eine bestimmte Bezugnahme auf jenes Material der Übergang in einen ästhetischen Modus nicht gelingen kann. Die Referenz auf das Material bringt die Dinge also nicht hervor, wohl aber wandelt sie diese in etwas anderes – nicht der Notwendigkeit, aber der Möglichkeit nach. Denn ob dieser Wandel stattfindet, bleibt – um es etwas näher an den Sprachspielen der Theologie zu sagen – ganz unverfügbar.

Nicht einer sakralisierenden Kunstreligion wurde hier, liebe Leserin, lieber Leser, das Wort geredet – wohl aber einer Analogie, die erlaubt zu sagen: Wie niemals betrachtete Bilder kaum Kunst sein können, weil ihr Publikum zwar nicht Ursache, aber doch Medium ist, in dem Werke zu Kunst werden, so zeigt sich Gott in seiner Offenbarung, die er selbst ist, wenn sie von jemandem vernommen wird. Gott als ›Souverän‹ will es, entweder nicht zu sein, weil er sich niemandem gibt, oder sich glücklich zu offenbaren am anderen seiner selbst.

5
Der angefochtene Glaube

> »Wenn wir lehren, daß der Glaube gewiß und sicher sein soll, so verstehen wir darunter ganz gewiß nicht eine Gewißheit, die kein Zweifel mehr berührte, keine Sicherheit, die keine Sorge und Angst mehr bedrängte; nein, wir sagen, daß die Gläubigen immerfort im Kampfe liegen gegen ihren eigenen Mangel an Vertrauen. Wir denken nicht daran, daß ihr Gewissen etwa in friedlicher Ruhe dahinlebte, die keine Erschütterung mehr in Frage stellen könnte.«
>
> Johannes Calvin, *Institutio*[26]

> »Religious #faith needs to rebrand itself as being anti-certainty. I'm always struck by how people come to faith through a need for certainty. In fact, faith is about thriving in the face of uncertainty, knowing that there is meaning in the end, to which your actions contribute.«
>
> Ein weihnachtlicher Tweet 2021 von einer englischen Kollegin

Für den Glauben ist wesentlich, es nicht mit gänzlich unsicheren Sachverhalten zu tun zu haben. Gewissheit und Vertrauen sind daher die Haltungen, um die biblisch geworben wird – gerade weil sich die Dinge offenbar alles andere als von selbst verstehen. Das Alte Testament argumentiert immer wieder mit der Formel, jetzt auf Gott zu setzen, weil er seine Güte und Verlässlichkeit schon einmal unter ähnlichen Bedingungen bewiesen habe (vgl. Jes 51). Das Neue Testament wiederum nimmt durchgängig auf das Alte Bezug, auch deshalb, weil sich wahre Treue nur bekunden kann, wenn sie sich in der Zeit bewährt (vgl. Mt 24,35). Dabei beziehen sich die Glaubensgewissheiten nicht auf Wahrscheinlichkeitsrechnungen gleichsam einer religiösen Stochastik. Sie lassen sich ebenso wenig in jenes Spektrum zwischen losen Vermutungen und evidentem Wissen einzeichnen (siehe Abschnitt II.2). Weit eher sind sie als etwas zu beschreiben, das den Hintergrund von all dem sonst Erlebten abgibt. Demnach bleiben sie in einer Weise im Leben verankert, durch die alles andere gesehen und verstanden wird. Der Glaube an Gott und seine Verheißungen sind dann nicht selbst Kandidaten der Überprüfungen, sondern ihrerseits existenzielle Anhaltspunkte in einem Bezugssystem, von denen ausgegangen werden kann, um sich im Leben – und Sterben – zu orientieren.

Folglich ist das Thema beider Testamente auch nicht Gottes vermeintliche Treulosigkeit oder sein sprunghafter Charakter. Ihm auch nur Reue und also ein potenziell korrektives Selbstverhältnis zuzuschreiben, begegnet äußerst selten (vgl. u. a.

Gen 6,6 f.)[27]. Im Blick steht vielmehr die menschliche Unsicherheit dem unsichtbaren Allmächtigen gegenüber, welche dogmatisch recht schnell mit Unglauben und schließlich mit Sünde identifiziert wird. Doch das ist voreilig, wie vor allem die reformatorische Theologie eingeschärft hat. Luther und Calvin – siehe das obige Motto – haben eine Gegenlektüre angeboten, die die Gewissheitsunterstellung des Glaubens für fragwürdig und also einer erneuten Frage würdig erklärt. Im spätmodernen Vokabular könnte man auch von einer Dekonstruktion sprechen, die den Glauben auf seine Brüche und inneren Spannungen hin befragt, ohne ihn zu verabschieden.

Kommen wir nun also zu dem, was sich mit dem hoch metaphorischen Ausdruck der Anfechtung in die theologischen Stammbücher eingeschrieben hat. Der Begriff hat längst eine gewisse Patina angesetzt. Nur noch in juristischen Gefilden ist das Anfechten eines Urteils Element der Alltagssprache, während sich die Anfechtung sonst keiner erwähnenswerten Karriere erfreut. Selbst in der Theologie ist nicht ausgemacht, ob es sich um einen marginalisierten Klassiker oder doch nur um eine klassische Marginalie handelt.

Wer sich in einem Gefecht befindet, für den ist der bewaffnete Ernstfall Gegenwart. Dieser auszufechtende Kampf kann kaum gewonnen werden, weil der Gegenspieler – sei es Gott oder der Satan – stärker ist. Dadurch aber wird deutlich, dass der Angefochtene Gott nicht verneint, im Gegenteil! Um Anfechtungen teilhaftig zu werden, muss der Mensch gerade im Glauben stehen, dessen Frakturen sich jedoch mit der Anfechtung bekunden können. Die Liste der Angefochtenen ist prominent besetzt und sie ist lang; man denke an die Psalmen als Dokumente vehementer Anklage Gottes, an Hiob als unrechtmäßig Leidenden, aber auch an Jesus am Kreuz, von dem berichtet wird:

> »Und zu der neunten Stunde rief Jesus laut: *Eli, Eli, lama asabtani*? Das heißt übersetzt: Mein Gott, mein Gott, warum hast du mich verlassen?« (Mk 15,33 f.)

Ist es ein Aufbegehren? Oder die finale Enttäuschung? Bleibt hier noch Hoffnung? Eine beispiellose Anklage des Glaubens im Glauben ist es in jedem Fall – und eine Urszene des Angefochtenseins, gerade in Gottes Gegenwart.

Ist die Anfechtung nun lediglich der ungewöhnliche Sonderfall eines Glaubens am Limit, kurz bevor er sich selbst verneinen müsste? Oder haben wir es gar mit einer dem Glauben selbst unumgänglichen Eigenschaft zu tun, die in ihm keinen unverlierbaren Zustand, sondern ein immer neues Ringen um und mit Gott erkennt? Ich möchte zum Abschluss dieses Kapitels der letzteren Alternative zumindest andeutungsweise nachgehen, indem die Anfechtung als *trouble maker* des Glaubens vorgestellt wird.

Der für das Christentum zentrale Dualismus von Gott und Welt wird aufseiten des Menschen in einer ebenso wesentlichen Gegenüberstellung gespiegelt: Glauben versus Unglauben. Dies ist keine rein beschreibende Unterscheidung zweier Weisen, das Leben zu führen. Vielmehr handelt es sich um einen normativen Binärcode: Von beiden Seiten aus betrachtet ist die jeweils andere Seite abzulehnen. Aus der Sicht des Glaubens verfehlt sein ungläubiges Pendant die Wirklichkeit und müsste hinter sich gelassen werden – so will es zumindest das traditionelle Verständnis. Für den Unglauben jedoch ist der Glaube eine fatale Illusion, die bestenfalls geduldet werden kann. Wie bei jeder Unterscheidung ist es auch hier möglich, ebendiese Differenz auf beiden Seiten nochmals anzuwenden, d. h. den Code ›Glaube/Unglaube‹ von dem Aspekt des Glaubens und vom konträren Aspekt des Unglaubens her zu verstehen (weshalb auch von einem *re-entry* die Rede ist). In einem Fall kann der Glaube die Differenz zwischen sich und dem Unglauben ziehen, weil jeder Glaubende selbst aus dem Unglauben kommt; Unglaube ist stets der Ausgangspunkt, aber auch der zu überwindende Aspekt des Glaubens. Im anderen Fall kann der Unglaube – aus gleichsam ›orthodoxer‹ Sicht – die Abgrenzung zum Glauben gar nicht ziehen, weil der Unglaube die sündige Unkenntnis vom wahren Glauben sei. Es handelt sich bei ›Glaube‹ und ›Unglaube‹ also um »asymmetrische Gegenbegriffe«[28], was bedeutet: Sie schließen einander aus, lassen keine dritte Option zu und werten den entsprechenden Opponenten notwendig ab.

Doch bei dieser Gegenüberstellung eines vermeintlichen *clear cut* darf es theologisch nicht bleiben; und dies nicht etwa, weil wir jenseits von Glauben und Unglauben weitere Einstellungen wie Agnostizismus, weltanschauliche Indifferenz oder den Anders-Glauben als alternative religiöse Orientierung kennen. Die Opposition von Glauben und Unglauben gerät bereits von sich aus und damit aus genuin theologischen Gründen in eine Dynamik, die den Glauben selbst nicht unberührt lassen kann und ihn einer simplen Abgrenzung vom Unglauben entnimmt. *Locus classicus* dieser Sichtweise ist eine Heilungsgeschichte im Markusevangelium, in der Jesus gebeten wird, einen Geist auszutreiben und dem Vater des Kranken sagt, dass dem Glauben alles, auch diese Heilung, möglich sei. Darauf antwortet jener Vater fast ängstlich: »Ich glaube, hilf meinem Unglauben!« (Mk 9,24) Und der Sohn wird geheilt.

Einmal abgesehen von der recht archaischen Vorstellung einer Geistesaustreibung bezieht sich dieses Geflecht von Glauben und Unglauben als Integration des einen in den anderen nicht auf die bloße Feststellung des Faktischen. Es mag zwar sein, dass Menschen wie jener Vater die eigene Ungläubigkeit an sich selbst erfahren. Doch diese Szene lädt zugleich dazu ein, über das Verständnis des Glaubens nachzudenken, dem Unsicherheit, Sorge und Angst, wie Calvin festhält, nun gerade nicht fremd sind, sondern offenbar weiterhin zu diesem Glauben gehören. Das muss Auswirkungen darauf haben, wie sich dieser Glaube selbst versteht. Zudem stellt sich die Frage, wie mit dem Unglauben umzugehen sei, wenn er die Wirklichkeit des Glaubens selbst als dessen stets latente Möglichkeit begleitet.

Der Glaube kann aus seiner Binnenperspektive niemals seine eigene Stabilität als vermeintlichen Zustand unterstellen, sondern erkennt an, stets vom

Unglauben umfangen zu bleiben. Ein Glaube, der sich selbst in angeblich sicheren Gewissheiten wähnt, ist ein Widerspruch in sich. Dies aber bildet kein Ergebnis empirischer Selbstprüfung, sondern legt dem Glauben eine Regel auf, wie er sich selbst auffassen müsste, um jener Kontradiktion aus dem Weg zu gehen. Hätte der Glaube keine Anfechtung, müsste er sie erfinden, um sich selbst richtig zu verstehen.

Genau dieser notwendige Zusammenhang von Glauben und Unglauben wird mit der Metapher der Anfechtung eingefangen. Dabei sei die Anfechtung sogleich von zwei naheliegenden Konzepten abgegrenzt. Von einem *religiösen Skeptizismus* lässt sich die Anfechtung unterscheiden, weil sich der Zweifel auf bestimmte Annahmen, etwa die Existenz Gottes oder die seiner Allmacht, bezieht und der Zweifelnde dabei ganz distanziert bleiben kann. Demgegenüber bewegt sich die Anfechtung, wie gesehen, innerhalb des Glaubens und betrifft gerade deshalb den gesamten Menschen. Wenn Luther im sogenannten »Turmerlebnis« in religiöser Furcht und Überwältigung mit dem Tintenfass nach dem Teufel wirft, kann man das als anekdotisches Kapitel eines religiös übersteigerten Wahnsinns abtun; oder darin das Ergriffensein eines Menschen sehen, der mit dem fragwürdig gewordenen Gott regelrecht ringt. Auch von der meist *teuflischen Versuchung* – man denke an jene Szenen, in denen der Satan Jesus in der Wüste begegnet (Mt 4,1–11) – sind Anfechtungen zu unterscheiden. Zwar werden beide Begriffe im Lateinischen mit einem Wort, *tentatio*, wiedergegeben, aber sie weisen doch unterschiedliche Charakteristika auf:

Während Versuchungen attraktiv, reiz- und lustvoll erscheinen, man ihnen aber auch – statt zu erliegen – widerstehen kann, bleiben Anfechtungen lustlos, ja kräftezehrend und sind einfach – oder gerade nicht so einfach – durchzustehen.[29]

Während bei den Versuchungen klar zu sein scheint, dass es der Teufel ist, der hier seinen Auftritt hat, stellt sich die Frage nach dem Subjekt der Anfechtung mit geringerer Klarheit. Ist es Gott, der den Menschen anficht? Und wenn er es sein sollte, zu welchem Zweck, wollte man nicht die pseudopädagogische Prüfung des Menschen bemühen? Oder ist es auch hier der Teufel, wodurch sich jedoch das Problem nur verschiebt, denn auch er könnte Abgesandter des Herrn sein? Oder ist es der Glaube selbst, der seine eigene Anfechtung mit sich bringt, weil er die Differenz zu sich schon immer mit sich führt? Vielleicht löst sich die Frage nach dem Subjekt und einem verantwortlichen Sender der Anfechtung mit letzterer Version bereits auf, weil Anfechtungen nicht von jemandem geschickt werden, sondern sich an jemandem einstellen und vollziehen. Prekär wird es erst recht, wenn Gott durch sein wankendes und untreues Volk selbst angefochten (oder versucht?) wird – ein Motiv, das der Bibel durchaus vertraut ist (vgl. etwa Dtn 6,16).

Mit der Anfechtung wird folglich zurückgewiesen, was sonst als Unerschütterlichkeit des Glaubens im theologischen Umlauf ist. Auch die Ruhigstellung der Ungewissheit durch den Verweis auf die Bedeutung am Ende, zu der der Mensch beitrage (wie der obige Tweet vermutet), scheint hier ausgeschlossen zu sein. Demgegenüber ist die Figur der Anfechtung eine dynamische, die eine unruhige Bewegung des Glaubens selbst bezeichnet. Wie mit der Säkularisierung der Glaube zur Option wird, zu der sich alle in Affirmation oder Ablehnung zu verhalten haben, so ist die Anfechtung dazu die Entsprechung im Individuellen. Sie lässt den Glauben als Möglichkeit angesichts seiner Alternativen existenziell reflexiv werden und entnimmt ihn damit aus seiner Selbstverständlichkeit. Oder im Bild des Aspekte-Sehens: Jener Aspekt des Glaubens beginnt zu flimmern, sodass durch ihn sein ungläubiges Gegenbild durchscheint, ohne ›aspekt-blind‹ zu werden.

Wenn wir nun noch einmal zum dreifachen Begriff des Glaubens zurückkehren, drängen sich folgende Zuordnungen auf: Der Zweifel an konkreten Aussagen und Sachverhalten entspricht einem propositionalen Glaubenskonzept (glauben, dass ...); die Versuchung des Menschen durch Gott oder satanische Boten zeigt Allianzen mit dem personalen bzw. fiduzialen Begriff der *fides* und ihrer Infragestellung (jemandem oder an ihn glauben); die Anfechtung allerdings erweist sich als Element einer modalen Konzeption, wobei der Glaube als operative Qualifizierung der Existenz fragwürdig wird und folglich als Adverb grammatisch zu versagen droht (im angefochtenen Glauben leben).

Jene zuletzt gebrauchte Wendung – der »angefochtene Glaube« – ist folglich eine Näherbestimmung dessen, was im Begriff eines modal gefassten Glaubens schon immer enthalten war: Die Anfechtung bleibt daher kein theologisch verspäteter

Fremdkörper, der eine nur zufällige Zusatzbestimmung benennt. Und so gesellt sich nun zum atheistisch kodierten Glaubensverständnis als konstruktive Absage an theistische Fantasien ein weiteres programmatisches Element: ›Atheistisch glauben‹ lässt sichtbar und denkbar werden, Gottes Wirken als seine Wirklichkeit *innerhalb* des Glaubens zur Frage werden zu lassen. Und zwar, weil sich der Glaubende aufgrund des Glaubens selbst nicht sicher sein kann, ob Gottes Effekte an ihm wahrhaft wirken. Wie zum Junggesellen gehört, unverheiratet zu sein, so ist die Anfechtung ein wesentliches Kennzeichen des Glaubens. Der angefochtene Glaube ist folglich nichts weiter und nichts weniger als eine sagenhafte Tautologie, die moderner klingt, als sie ist – und doch in unsere Zeit passt.

III
Konsequenzen: Glaube als eine Weise, das Leben zu führen

> »Es kommt mir vor, als könne ein religiöser Glaube nur etwas wie das leidenschaftliche Sich-entscheiden für ein Bezugssystem sein. Also obgleich es Glaube ist, doch eine Art des Lebens, oder eine Art das Leben zu beurteilen. Ein leidenschaftliches Ergreifen dieser Auffassung.«
>
> Ludwig Wittgenstein,
> *Vermischte Bemerkungen*[30]

Während das vorangehende Kapitel einen argumentativen Bogen aufspannte, gleichen die Abschnitte des vor uns liegenden Teils einzelnen Tiefenbohrungen – gleichsam Essays im Essay. Sie verweilen an zentralen, aber unübersichtlichen Ort auf der religiösen Landkarte, wobei es sich natürlich nur um eine Auswahl handelt, offen für Alternativen. Diese »natürliche Selektion« rechtfertigt sich zumindest so, dass an den nun zu betrachtenden Sprachspielen des Glaubens – mit der vielsagenden Analogie zwischen (religiöser) Sprache und (ernsthaftem) Spiel – wesentliche Konstellationen glaubender Existenz zum Thema werden. Wir folgen einem sogenannten heilsgeschichtlichen Aufbau und beginnen mit dem Anfang und enden standesgemäß am Schluss. Dabei verhandelt jeder Abschnitt eine dem Glauben sich allgemein aufdrängende Problematik gleich mit. Zunächst geht es um den Glauben an Gottes Schöpfung – und darin um das Verhältnis zu anderen Formen, mit dem Da- und Sosein der Welt umzugehen (1). Sodann widmen wir uns dem Problem des Bösen – und der Gefahr des Glaubens, auch noch das Unerklärliche erklären zu wollen (2). Mit der Frage nach dem, was der Glaube Erlösung nennt, kommen wir zum Abgrund menschlicher Verfehlungen – und der naheliegenden Irritation, warum Menschen sich überhaupt als ›erlöste Sünder‹ verstehen sollten (3). Mit der Praxis des Gebets sind die vielleicht kompliziertesten Probleme der Theologie – insbesondere einer atheistischen – erreicht (4). Daher wird ein Exkurs die zu erwartende Replik verarbeiten, wie man überhaupt beten könne, wenn Gott als personaler Adressat nur noch eine ferne Erinnerung sei. Wir schließen mit der Hoffnung des Glaubens – womit die Aufforderung verbunden ist, über das moralische, auch gesellschaftlich-politische Engagement des Glaubens Auskunft zu geben (5).

Alle hier skizzierten Abschnitte werden von einer These durchzogen, die den Status der Rede von der Schöpfung, vom Bösen und der Erlösung, vom Gebet und seiner Hoffnung sowie dem Glauben an die ›letzten Dinge‹ vollkommen umwandelt: Eine atheistische Theologie sieht in diesen Lehrstücken keine metaphysischen Beschreibungen angeblich unabhängiger Sachverhalte und Gegenstände ›vor‹, ›neben‹ oder ›nach‹ unserer weltlichen Existenz. Vielmehr sind all die genannten Doktrinen *Auslegungen desjenigen Geschehens, in welchem sich der Glaube an Gott als Gottes am Menschen wirkende Wirklichkeit tatsächlich realisiert* – wie also dieser Glaube ›geschaffen‹ wird, sich selbst ›sündhaft‹ verfehlt, auf welche Weise er wiederhergestellt werden mag, in der Kommunikation mit Gott erhofft wird und ›ewiglich‹ aufersteht vom Unglauben. Oder in Wittgensteins Diktion: Jene Abschnitte beziehen sich nicht auf Objekte, welche dem Glauben extern blieben, sondern sie beschreiben, wie sich das »Bezugssystem« des Glaubens einstellt, zuspielt, fraglich wird, wieder gestärkt werden mag – und sogar ›ewig‹ bleibt.

1
Schöpfung Gottes

> »Das meiste davon geschah also am Sonntag, jenem Tag, da Gott sich von seinen Pflichten frei nimmt und sich nicht um seine Schöpfung kümmert. Allerdings wird man (...) den Verdacht nicht los, dass Gottes Interesse an den Menschen auch werktags stark nachgelassen hat.«
>
> Lukas Bärfuss über Dürrenmatts Roman *Das Versprechen*[31]

> »Gerade am Anfang hätte es auch anders ausgehen können.«
>
> Joshua Kimmich nach dem 8:0 des FC Bayern gegen Schalke im September 2020

Die Bibel beginnt am Anfang – sozusagen am Anfang des Anfangs. Gleich zwei Berichte werden zum Auftakt des Alten Testaments geboten, die von Gottes Schöpfung zu erzählen wissen. Beide Berichte sind überaus unterschiedlich, was selbst den unaufmerksamsten Leser irritieren muss. Im ersten Schöpfungsbericht (Gen 1–2,4a) wird ein durchkomponiertes Panorama entfaltet, das sich an der Wochengliederung orientiert, indem es genau diese Woche ins

Leben ruft. Gekrönt wird der wohlgeordnete Vorgang mit einer sonntäglichen Ruhepause, was aber nicht unbedingt heißen muss, Gott kümmere sich nicht um seine Schöpfung. Im Kontrast zu Bärfuss' obiger Vermutung hält der Bericht immerhin fest, dass nun das Vorhaben vollendet sei, nachdem jedes tagtägliche Schöpfungswerk mit einem finalisierenden Qualitätssiegel ausgestattet wurde: »Und er sah, dass es gut war.«

Im daran anschließenden zweiten Report (2,4b–25) liegen die Interessen der Erzähler etwas anders. Der einst geordnete Ablauf weicht einer unsteten Anordnung, die den Menschen sowie das Geschlechterverhältnis in besonderer Weise heraushebt. Das ist konsequent, zumal gleich danach der komplementäre Sündenfall dargelegt wird, der sich seinerseits aus dem Schöpfungsnarrativ und seinem personalen Inventar – vor allem der Schlange! – ergibt. Geht es im ersten Bericht um die Darlegung einer Ordnung sowie die sich darin dokumentierende Verlässlichkeit ihres Autors, konzentriert sich der zweite Bericht auf mögliche Gründe, warum Gott trotz der Güte seiner Schöpfung Anlass hat, sein »Interesse an den Menschen« angesichts ihres sofortigen Sündenfalls zu verlieren. Kosmos und Chaos liegen dicht beieinander; Gottes Liebe, seine Zuwendung und die hier immer wieder durchscheinende Eifersucht, sein göttlicher Zorn, tun es wohl auch. Dabei wird die angeblich initiale Schöpfung biblisch von Beginn an mit den Untiefen menschlicher Um- und Abwege konfrontiert. Kurz: Der Anfang ist kein Anfang, steht er doch schon im Zeichen jener existenziellen und wohl auch politischen Wirrnisse, denen sich der dann rückdatierte ›Bericht‹ verdankt. Alles hat seine Zeit, nur das Paradies hatte keine. Es geht auf eine utopische Imagination zurück, die im Exil samt dem Zweifel im Glauben und dem Elend im Leben auf andere Umstände hofft. Die Schöpfung gehört nicht dem Anfang an, sondern der Zukunft, nicht dem Perfekt, sondern dem Futur.

Kein anderes Lehrstück der christlichen Theologie genießt eine derartige Prominenz, die vom biblischen Befund kaum gedeckt ist. Zwar hebt die Bibel, wie skizziert, mit der Schöpfung an, kommt aber kein einziges Mal auf jenes Thema ausführlicher zurück (Hiob 38–41, auch Röm 8 haben offensichtlich andere Pointen). Das Neue Testament wird schließlich gar nicht mehr damit beschäftigt sein, die Genese der Welt zu dokumentieren, sondern vielmehr damit, die Entstehung des Glaubens in Geschichten und Gleichnissen zu fassen. *Genau diesen Wandel von der Welt, an die als Gottes Schöpfung geglaubt werden soll, zum Glauben, für den diese Welt zu Gottes Schöpfung wird, gilt es nun nachzuvollziehen.*

Fast unnötig zu sagen: Der Schöpfungsbericht ist missverstanden, sollte er »bibelbuchstäblich« (so Goethe) oder wie ein pseudo-wissenschaftlicher Report angesehen werden. Auch weniger naive Ansätze, die zwar zugeben, die ersten Kapitel der Bibel nicht mit Fakten aus unvordenklichen Zeiten vertauschen zu wollen, die aber am vermeintlichen Erklärungsanspruch ›hinter‹ jenem Entstehungsmythos festhalten, gehen in die Irre. Auch die, die den Tatbestand der Schöpfung dadurch ermitteln, dass aus der Ordnung der Dinge deren göttlicher Anfang folge, hängen noch halbherzig jenen längst abgewiesenen Konfusionen an. Wiederum filigraner argumentieren jene, die aus den kosmologischen Unerklärlichkeiten (und den methodischen Lücken naturalistischer Ansätze) theologisches Kapital schlagen wollen: Die Physik kommt nicht weiter – die Theologie soll übernehmen.[32] Aber auch dieser Zug verbleibt bei den Verwirrungen eines faktualen Glaubensbegriffs und führt nur zurück zu dem, was Dietrich Bonhoeffer einst als »god of the gaps« aussortiert hatte. Trost, wie von manchen erhofft, kann solch ein Lückenbüßer-Gott ohnehin nicht spenden. Es gibt an dieser Stelle keinerlei Konkurrenz zwischen Glauben und Wissen, zwischen Religion und ›harter‹ Wissenschaft, weil beide vollkommen unterschiedliche Sprachspiele bilden. Eigentlich sollte doch bestens bekannt sein, was passiert, wenn man Schach mit Mau-Mau-Regeln spielen will: Es kann nicht gut gehen!

Die Schöpfungsberichte sind keine Aussagensammlungen von äußerlichen Vorgängen, die dann als *creatio* etikettiert werden. Sie verdanken sich vielmehr einem Ereignis, das demjenigen, der an ihm Anteil hat, alles zur Schöpfung werden lässt. Wer an die Schöpfung glaubt, liegt nicht plötzlich richtig (und lag im Unglauben, aus dem er kommt, zuvor falsch), sondern sieht alles anders und neu. Von der Schöpfung zu reden, ist folglich keine Spiegelung wahrer Verhältnisse, sondern Ausdruck eines Bekenntnisses, das den Glauben an Gott zur Artikulation bringt. So wird man auch nicht an Gottes

Schöpfung glauben, *weil* entsprechende Evidenzen vorlägen, sondern für den Glauben ist evident, dass Gott wirkt, indem alles Schöpfung genannt werden darf. Die Schöpfung bildet demnach keinen Sachverhalt, der auf Ausschnitte der Wirklichkeit Bezug nähme, sondern stellt einen Totalbegriff dar, der alles umkodiert. Es gab Theologen, die in diesem gewandelten Verständnis die »Vollendung der Reformation« gesehen haben.[33]

An der Schöpfung kann besonders greifbar werden, was die zu Beginn dieses Kapitels vorgelegte These in Aussicht stellte: Nach ihr soll gelten, dass die theologischen Lehrstücke sich nicht auf eine Realität richten, die dem Glauben an Gott vorgelagert wäre. Demgegenüber haben all diese Doktrinen die Aufgabe, zu klären, wie sich dieser Glaube an Gott einstellt und zuspielt – und wie, mit Blick auf die Schöpfung, dieser Glaube ›aus dem Nichts‹ (*ex nihilo*) geschaffen wird. Nicht um den Anfang der Welt kann es folglich gehen, dem der Glaube notorisch verspätet nachkäme, um ihn dann doch noch irgendwie einer Beschreibung zuzuführen. Hingegen geht es um den Anfang ebendieses Glaubens, mit dem die Welt als Schöpfung verstanden wird und dies sogleich als Gottes Wirken am Menschen erfahrbar bleibt. Der Glaube ist keine religiöse Replik auf eine Schöpfung, die schon ›da‹ wäre, sondern wer in der Schöpfung Gottes lebt, artikuliert darin seinen Glauben, welcher Gottes Wirklichkeit ist. Und Schöpfung heißt, dass dieser Glaube seinen Anfang nimmt, indem er durch Gott schöpferisch wird, seinen eigenen Gegenstand ›erschafft‹ und insofern alles anders und neu ist. Die Welt wird Gottes gute Schöpfung, zumal sie es ohne den Blick des Glaubens nicht war, ist oder sein wird.

Dieses atheistische Schöpfungsverständnis kann nun dadurch präzisiert werden, dass es mit dem Sehen von Aspekten verbunden wird. Diese Kombination sei so vorgetragen, dass jenes Lehrstück in den ›aspekt-orientierten‹ Rahmen eingezeichnet wird (vgl. Abschnitt II.3). Rekapitulieren wir knapp die wesentlichen Bausteine: Es handelt sich um das Sehen von Aspekten *derselben* Konfiguration; es sind also Aspekte eines Referenten, *an* welchem diese Aspekte zu sehen sind – nicht jenseits oder außerhalb von ihm; wo es einen Aspekt gibt (Ente), muss es also einen *weiteren* Aspekt (Hase) geben; Aspekte sind notwendig plural; im Wechsel der Aspekte kann man einen verlieren, wenn man den anderen sieht, um jenen dann plötzlich wiederzuerkennen; die Aspektblindheit, auch das Flimmern der Aspekte können den Akt des Sehens begleiten; die Ambivalenz der Aspekte liegt am und im Referenten selbst (*hermetische Mehrdeutigkeit*); dabei bestehen die Aspekte gemeinsam und lösen sich nicht gegenseitig auf, wenn auch ab (*uneindeutige Stabilität*); alle Elemente eines Aspekts müssen sich auch im anderen finden (*funktionale Vollständigkeit*); dabei ändert sich im Wechsel der Aspekte aufgrund dieser Eigenschaften am Referenten nichts – und simultan alles; endlich: Die visuelle Analogie kann ins Semantische und Existenzielle fruchtbar übertragen werden.

Genau diese Übertragung sei nun an einem konkreten theologischen Lehrstück erprobt: Die Schöpfung bezeichnet demnach den Aspekt eines Referenten, der immer schon unter diesem oder einem anderen Aspekt wahrgenommen wird. Die Welt ist jene Konfiguration, der diese unterschiedlichen Aspekte zukommen – religiös: die Schöpfung; monetär: ein globaler Markt; ästhetisch: die Natur; naturwissenschaftlich: ein kausales System. Die Welt ist also nicht einfach neutral ›da‹, sondern wird schon immer in bestimmter Weise betrachtet. Auch die Rede von Gottes Schöpfung geht dabei nicht über den mit der Welt vorgezeichneten Rahmen in ein vermeintliches Jenseits hinaus.

Hier aber treffen wir bereits auf eine vielsagende Spannung: Während die ›animalischen‹ Aspekte im Bild schon vorhanden sind, verhalten sich die Dinge im Glauben anders: Denn mit dem Glauben kommt der Aspekt der Schöpfung erst zur Welt, zumal die Welt mit den ›Augen des Glaubens‹ zu betrachten gerade heißt, sie als Schöpfung wahrzunehmen. Die Schöpfung wiederum bringt zum Ausdruck, dass mit jenem Blick etwas Neues geschaffen wird. Ohne diesen Glauben und seine Wirklichkeit als Gottes Wirken gibt es diesen schöpferischen Aspekt nicht. Kurz: An die Schöpfung zu glauben meint, dass mit dem Glauben sein eigener Gegenstandsbereich entsteht.[34] Das ist zirkulär und muss es sein. Wie man in jenes Kreisen zwischen Glauben und Schöpfung hineingerät, gleich einem unverfügbaren Ereignis, das der Glaube wiederum als Gottes Gabe ansieht: Der Glaube stellt sich ein, wird zugespielt – wie ein Aspekt, der plötzlich sichtbar wird.

Damit ist bereits gesagt, dass der Glaube an die

Schöpfung als Aspekt (an) der Welt stets von seinen Aspekt-Alternativen begleitet ist. Wie der Hase nur insofern Aspekt jener ambivalenten Figur sein kann, als es die Ente auch ist, so ist die Schöpfung ein ›weltlicher‹ Aspekt neben anderen. Daher sind glaubende Menschen ›mehrsprachig‹, weil sie die Welt nie nur unter dem Aspekt des Glaubens betrachten, sondern andere Hinsichten – man denke an unsere Begleiter:innen aus dem Prolog – als ganz praktisches Erfordernis zulassen müssen. Doch diese Mehrzahl hat auch ihre prekären Seiten. Denn zwischen den Aspekten kann es beginnen, gehörig zu flimmern, sodass der Aspekt des Glaubens und der Schöpfung wieder verloren geht. Hier hat die Anfechtung ihren Ort, die jenes Oszillieren theologisch verarbeitet und darin gerade einen Dauerzustand, keine Ausnahme sieht. Den einmal verlorenen Aspekt wiederzugewinnen, kann so zum Gegenstand der Hoffnung werden. Dies trifft sich mit der dogmatischen Unterscheidung zwischen einer Schöpfung am Anfang (*creatio prima*) und einem fortgesetzten Schöpfungshandeln (*creatio continua*). Die Welt unter dem Aspekt des Glaubens sehen zu können, entspricht jener ersten Schöpfung, während dieses angefochtene Sehen kontinuierlich neu entstehen muss, weshalb auch von einer ›Neuschöpfung‹ gesprochen wird.

Die Welt als Referenzpunkt entlässt jene multiplen, aber kompatiblen Aspekte aus sich, wodurch sie mehrdeutig wird. Aus Sicht des Glaubens aber stehen diese pluralen Aspekte nun gerade nicht einfach gleichwertig nebeneinander. Der Glaube muss seine Präferenzen gegenüber Aspekten des Unglaubens mit sich führen – in Anerkennung seiner Verbundenheit mit jenem Unglauben. Wird von Schöpfung gesprochen, sind damit weitere Merkmale dieses Aspekts verbunden: Die Schöpfung Gottes ist gut – was kein Ergebnis sorgfältiger Beobachtung ist, sondern eine grammatische Auskunft; mit der Schöpfung ist zudem verbunden, dass sie eine Ordnung besitzt (so nochmals Gen 1), aber auch, dass sie zugleich den Keim des Abfalls von ihr in sich trägt (so Gen 2).

Trotz jener Präferenzen werden die anderen Aspekte nicht dementiert, sodass ihnen eine Stabilität zukommt, die nicht ausschließen muss, dass neue Aspekte entstehen können. Ihnen allen jedoch ist gemeinsam, dass in ihnen keine Elemente (etwa die Ohren des Hasen oder der Schnabel im Aspekt der Ente) vakant bleiben. Genau dieser Umstand wird dadurch ausgedrückt, dass sich die Schöpfung auf alles bezieht und keine bloßen Ausschnitte oder Fragmente der Realität betrifft. Schöpfung ist ein Begriff, der aufs Ganze geht.

Nun scheint bei den anderen Aspekten – den monetären, ästhetischen, wissenschaftlichen – klar zu sein, welche praktische Differenz sie markieren. Beim Glauben an Gottes Schöpfung hingegen bleibt immer noch die Frage, was denn aus jener modalen Neuqualifizierung konkret folgt. Es mag zwar sein, dass nun alles unter einem neuen Gesichtspunkt betrachtet wird. Nur, was ändert sich, wenn sich alles ändern soll? Damit kommen wir zurück zu den Schöpfungsberichten, die nicht der perfekten Vergangenheit angehören, sondern von einer ausstehenden Hoffnung sprechen. Dann aber wird mit jenen Berichten eine Spannung aufgetan zwischen Jetzt und Dann, zwischen dem, wie die Dinge liegen, und dem, wie sie sein könnten – und sollen, zwischen der Faktizität der Welt und einer den Glauben verpflichtenden Zukunft (siehe dazu Abschnitt III.5). Sollte diese Spannung nicht für jeden, der in ihr lebt, etwas wandeln? Könnte Gottes Schöpfung, an die ein Mensch glaubt, nicht die Haltung zu allem – in Dankbarkeit und im Wissen, dass alles ein Geschenk ist – von Grund auf ändern? Und müsste nicht derjenige, der in allem Gottes Schöpfung erkennt, Motive im Überfluss haben, um sich unbedingt für sie einzusetzen? Käme es nicht einem Widerspruch gleich, von der Schöpfung zu reden, von jener Rede aber unberührt zu bleiben, weil das Interesse an ihr »auch werktags stark nachgelassen hat«?

2
Zum Umgang mit dem Bösen

> »Don't look so surprised
> It's only dogma
>
> The alien prophet cried
> The beetle and the springbok
> Took the Bible from its hook
> The monkey in the corner
> Wrote the lesson in his book
>
> God wants peace
> God wants war
> God wants famine
> God wants chain stores
>
> What God wants God gets.«
>
> Roger Waters, »What God Wants. Part I«

Nach Gottes guter Schöpfung kommen wir nun zum Bösen als Problem. Ein theologischer Widerspruch? So scheint es, wenn man den folgenden Syllogismus zurate zieht:

(i) Gott ist allmächtig.
(ii) Gott ist allgütig.
(iii) Das Böse existiert.
ALSO: …?

Belässt man es bei jener simplen Logik, drängt sich der ebenso einfache Schluss auf, das Fragezeichen durch die Konklusion, dass Gott nicht existiere, zu ersetzen. Dazu müssten die beiden ersten Prämissen als Konditionale umformuliert werden: *Wenn* Gott existiert, *dann* ist er allmächtig und allgütig. Auf diesem Weg entwickelte man einen Widerspruch zwischen (i) und (ii) sowie (iii). Da dieser Widerspruch unbefriedigend ist, wurde versucht, in ein komplexeres Verständnis der zwei ersten Prämissen zu investieren. Das Problem des Bösen kehrt sich somit in die Aufgabe, angesichts des nicht zu leugnenden Übels jene Voraussetzungen doch noch als miteinander vereinbar darzulegen. Der skizzierte Widerspruch löste sich auf, ohne dass die Prädikate der Macht und Güte negiert werden mussten.

Eingangs sagte ich, zu den Aufgaben dieses Essays gehöre eine korrigierende, ja therapierende Darstellung, um Konfusionen im Nachdenken über den Glauben an Gott auszuräumen. Nirgendwo ist diese Aufgabe dringlicher als an dem Punkt, an welchem wir uns gerade befinden. Denn es gibt immer noch einige ›Freunde der Religion‹, die entweder aktiv damit beschäftigt sind, sich an der Vereinbarkeit jener Prämissen unter (quasi)theistischen Konditionen abzuarbeiten oder die zumindest mit jenem Projekt liebäugeln. Doch ebendieses Unternehmen überhaupt für sinnvoll zu halten, geht von verwirrten Annahmen aus. Denn in der Theologie kann es nicht darum gehen, das oben gestellte Problem doch noch loszuwerden. Hingegen geht es darum, sensibel darzulegen, wie der christliche Glaube in voller

Wahrnehmung von Leid, Chaos, Schmerz und Tod einen Umgang mit dem Bösen und Übel dieser Welt zulassen könnte. *Nicht um das Problem des Bösen als dessen analytische Auflösung geht es, sondern um die Beschreibung einer existenziellen Möglichkeit, welche der Glaube an Gott trotz des Bösen zuspielen mag.* Dieser Denkbewegung möchte ich nun etwas genauer nachgehen.

»Warum hat Gott das zugelassen?«, so lautet der Aufschrei der Schöpfung. Die Frage stellt sich nicht nur angesichts von Natur- und Kulturkatastrophen, die über Menschen unverschuldet hereinbrechen; sie stellt sich gerade mit Blick auf das, was Menschen sich gegenseitig antun. Im ersten Fall ist von *Übeln* die Rede, nur im zweiten Fall vom *Bösen*. Während absichtslose Übel (wie Erdbeben) mit dem Problem konfrontieren, warum Gott nicht eingegriffen hat, nähren Akte böser Intentionen (wie Mord) den Zweifel an der Güte der Schöpfung und ihres menschlichen Personals.

Angesichts dieses doppelten Einwands sei Gott in Schutz zu nehmen, so die Ansicht der sogenannten Theodizee, der Rechtfertigung Gottes angesichts des Übels und Bösen. Unter Beibehaltung der klassischen Eigenschaften der Allmacht und Allgüte machen sich vornehmlich analytisch gesinnte Religionsphilosoph:innen auf die Suche, wie der meist theistisch verstandene Gott doch noch von seinen Verantwortlichkeiten losgesprochen werden könnte. Dieses Unternehmen widmet sich mit intellektuellem Elan der Interpretation von Prämisse (ii), indem eine doppelte Strategie verfolgt wird: Zum einen kann mit der Freiheit des Menschen als unüberbietbarem Gut argumentiert werden; demnach nehme Gott in Kauf, dass Menschen auch Böses tun können (und werden), weil die Gabe der Freiheit ihre praktischen Konsequenzen – auch die schlimmsten – rechtfertige. Die Übel hingegen lassen sich allerdings so nicht erklären, weil Freiheit nur Handelnde betrifft, nicht aber Erdbeben oder Pandemien. Zum anderen werden Gottes hinreichende Gründe dadurch dokumentiert, dass das Gute der Schöpfung das Schlechte kompensieren könne bzw. dass sich das nur vermeintlich Unangenehme letztlich doch als ein Gut herausstellen werde. In diesem zweiten Szenario wird folglich auf Konsequenzen Bezug genommen, die rückwirkend die Ausgangsbedingungen in sehr viel besserem Licht erscheinen lassen.

Jene Manöver stellen somit immer wieder neu ansetzende Anläufe dar, (i) bis (iii) der Möglichkeit nach als vereinbar darzustellen (so die *defense*) oder deren Kompatibilität als tatsächlich erreichtes Resultat auszuweisen (so die *theodicy* im engeren Sinn). Doch selbst die zurückhaltende erste Variante ist nichts anderes als intellektueller Zynismus, wenn man an Mord, Gräuel, Genozide und den Holocaust denkt. Denn auch diese Version hält daran fest, dass Gott hätte eingreifen können, es aber aus diviner Folgenabschätzung und in Anbetracht noch größerer Wiedergutmachungsleistungen nicht getan hat. Mir ist unverständlich, wie man ernsthaft im Blick auf das Leid der Menschen, auch der Tiere und der Welt im Ganzen, derart argumentieren kann. Und wenn diese – bewusst moralisierende – Fassungslosigkeit schon die defensive Version trifft, dann offenbar die strengere Theodizee umso stärker.

Ein anderer Versuch, mit jenem Syllogismus scheinbar ins Reine zu kommen, betrifft die Prämisse (i). Im Unterschied zu den bislang skizzierten Strategien wird jene Voraussetzung nicht uminterpretiert, sondern dementiert – im Namen des Glaubens und im Blick auf das biblische Zeugnis. Auch hier ist nochmals zwischen zwei Optionen zu unterscheiden: Die erste Lesart gibt der Schwachheit Gottes den Vorzug. Nicht Gottes Allmacht wird dann gelehrt, sondern betont, dass er am Kreuz in Jesus, dem Menschen, schwach geworden sei – und in seiner Ohnmacht gerade so stark bleibe. Der Kreislauf von Gewalt und Leid wird demnach nicht in einer Überbietungsgeste unterbrochen, sondern es wird ein Kontrapunkt gesetzt, indem jener Spirale mit unerwarteten Mitteln begegnet wird. Die zweite Lesart hält an Gottes Macht fest, arrangiert die Eigenschaften Gottes jedoch entscheidend um. Dieser Ansatz nähert sich dem, was bislang zu Gottes Liebe vorgetragen wurde (vgl. Abschnitt II.4). Demnach gilt, dass Gott nicht einfach Liebe zukommt und er daneben noch weitere Eigenschaften wie Macht, Güte und Allwissen besäße. Vielmehr sind diese Eigenschaften Näherbestimmungen der Liebe, die Gott selbst ist: die Macht, die Güte und das umfassende Wissen der Liebe. Gott ist folglich durch ein primäres Prädikat ausgezeichnet, das durch alle weiteren Bestimmungen charakterisiert wird.

Die erste Interpretation wendet sich folglich von den oben genannten Ausgangsbedingungen ab, indem Prämisse (i) zurückgewiesen wird. Dann aber stellen sich Folgefragen, die noch die entfernte Verwandtschaft der These von Gottes Schwachheit mit theistischen Bedingungen dokumentieren: War er immer derart schwach? Wenn ja, wie hat er dann die Schöpfung ins Leben rufen können? Und wenn nein, wann hat er seine Stärke verloren? Die zweite Interpretation lässt prinzipiell alle Möglichkeiten offen: Sie kann gleichsam zurückgebogen und theistisch verstanden werden, sodass zwar Gott Liebe hat, aber nur als handelndes, im Notfall einschreitendes Subjekt; sie kann aber auch auf den Spuren Feuerbachs ausgelegt werden – womit der theistische Rahmen verlassen ist.

Genau das ist nötig; oder mit Maggie Thatcher und einer frei übersetzten Angela Merkel gesprochen: »There is no alternative!« Denn die Versuche, Gottes Unterlassungen zu rechtfertigen oder ihn retrospektiv zum schwachen Schöpfer zu degradieren, operieren mit einem ganz dubiosen Begriff der Allmacht. Demnach könne Gott alles logisch Mögliche vollziehen, womit er zu einem »Frankenstein without limits«[35] promoviert würde; denn auch hier stellen sich unangenehme Folgefragen: Kann er Eis essen, Fahrrad fahren, jemanden auf romantische Weise kennenlernen – oder eben schreckliches Übel und das ›radikal Böse‹ durch beherztes Eingreifen beenden?

Sich von diesen Absurditäten loszusagen, gehört zu einem »reinigenden Atheismus«[36]. Dies befreit den Blick dafür, dass die christliche Religion nicht dazu da ist, Erklärung für Extremlagen anzubieten.

Danach zu fragen, warum Gutes oder Schlimmes geschieht, gehört anderen Hinsichten der Welt an als dem Aspekt des Glaubens. Wird nach Ursachen oder Rechtfertigungen gefahndet, haben wir wissenschaftliche Werkzeuge oder kriminologische Abteilungen, um Antworten zu finden. Und wenn wir sie dort nicht erhalten, springt auch der Glaube an Gott nicht als Notnagel finaler Erklärungen ein. Ginge es tatsächlich um diese verspäteten Erklärungen, müsste das Übel und Böse gegen den Glauben an Gott sprechen. Jedoch ist genau das Gegenteil der Fall! In den Wirrnissen des Lebens suchen Menschen Orientierung; und manche finden sie in dem, was die christliche Religion als eine Weise, das Leben im Guten und im Bösen zu führen, mit sich bringt. Der Glaube an Gott ist nicht die Antwort auf all jene so bedrückenden Warum-Fragen, sondern hat dort seinen Ort, wo ein Leben ohne diese Repliken möglich ist. Er beantwortet nichts, gerade weil er *nach* dem Scheitern aller Antworten den Menschen begleitet. Nirgends geht es hier um metaphysische Gründe, sondern um den sinnvollen Umgang mit existenziellen Abgründen.

Ohne Frage steht Hiob an solch einem Abgrund. Und in seiner Figur spiegelt sich im Individuellen, was hier auf theoretischer Ebene nachvollzogen wurde: An die Stelle der Begründungen treten Versuche, mit eigenem und fremdem Leid umzugehen. Dem entspricht im Hiob-Buch der Übergang von einer Klage *gegen* Gott zu einer Klage *vor* Gott. Hiobs Unverständnis, warum er, der schuldlos Fromme, der alles hatte, nun alles verliert, wird durch Gottes

Reaktion am Ende des Buches gar nicht adressiert. Vielmehr legen die nur scheinbaren Antworten des ›Herrn‹ ein noch grundlegenderes Schweigen offen, welches die eigentliche Replik enthalten mag: dass es keine göttliche Lösung für Hiobs Fragen gibt. Seine Beziehung zu Gott darf nicht so verstanden werden, als sei sie von den geglückten oder leidvollen Wirrnissen abhängig. Gott verabreicht demnach keine supranaturalen Heilmittel für Hiobs unsägliches Leid, sondern der Glaube an Gott ermöglicht einen Umgang mit diesem Leid. Dies meint keine Instrumentalisierung des Bösen für höhere Zwecke, sondern deutet auf einen Gott, an den Hiob glauben kann *durch sein Leid hindurch*. Hiobs Nachfolgern – Jesus am Kreuz und all jenen, die heute gekreuzigt werden – ergeht es nicht anders.

Es sind Ritus, Gebet, Musik und Gesang, Gottesdienst, Liturgie, die Sprache des Glaubens und seine Gleichnisse und Erzählungen, all die im doppelten Sinn fantastischen Bilder der Bibel, die jenen Umgang mit dem Übel und Bösen einüben lassen (wir kommen darauf zurück; vgl. III.4). Nicht das Unkontrollierbare wird domestiziert, sondern den Glaubenden wird ein einzigartiger Sprach- und Bildhaushalt mitgegeben, der dem Schmerz einen Ort und der dem Leid einen Ausdruck geben kann.

Was damit gemeint ist, sei anhand einer kleinen Szene zumindest angedeutet. Jürgen Habermas erinnert sich Jahre später an das Begräbnis von Max Frisch, das im April 1991 in Zürich stattgefunden hat. Der Philosoph bekennt, die Veranstaltung zunächst nicht für »merkwürdig« gehalten zu haben;

denn Frisch unterhielt ein zwar überaus distanziertes Verhältnis zur Religion, verfügte aber dennoch, dass seine Trauerfeier in einem Gotteshaus stattfinden solle. Auf einen Pfarrer oder einen Segen war jedoch zu verzichten, so wollte es der Schriftsteller. Im Rückblick jedoch stellt Habermas fest, dass

> »Frisch (...) offenbar die Peinlichkeit nichtreligiöser Bestattungsformen empfunden (hat) und durch die Wahl des Ortes öffentlich die Tatsache dokumentiert, dass die aufgeklärte Moderne kein angemessenes Äquivalent für eine religiöse Bewältigung des letzten, eine Lebensgeschichte abschliessenden *rite de passage* gefunden hat.«[37]

Und so erkennt Habermas in jener Beerdigung ein geradezu »paradoxes Ereignis« zwischen der Inanspruchnahme eines rituellen Raums und dessen sonstiger Ablehnung. Ein »Bewusstsein von dem, was fehlt« drängt sich Habermas auf – und es sei als Frage notiert, ob jener Verlust durch anderes so einfach ersetzt werden könnte, als Leerstelle offenbleiben wird oder ob dem christlichen Glauben samt der Kraft seiner Bilder und der Intensität seiner Sprache etwas ihm Eigenes, auch Eigentümliches zukommen könnte, das nicht zu substituieren ist.

Dem Schmerz einen Ort und dem Leid einen Ausdruck geben – gelingt das, ist Gott mitten unter den Menschen, indem er an seiner Kreatur wirkt. Gott ist genau dort, wo Menschen im Leben und Sterben in seiner geistigen Wirklichkeit wandeln. Diese Wirklichkeit als Wirken am leidenden, auch am fröhlichen Menschen *ist* er. So ist er mächtig, so bleibt er gütig und wissend – und der Mensch *in* ihm.

Theodizeen wollen *happy endings*. Doch die Geschichte Hiobs und die seiner zahlreichen Nachfahren ist keine amerikanische Erfolgsstory. Und so lässt man das Fragezeichen am Ende des Syllogismus am besten stehen.

»The monkey in the corner
Wrote the lesson in his book.«

3
Gottes Sohn und die Erlösung von den Sünden

> »I've been waiting for a guide to come and take me by the hand
> Could these sensations make me feel the pleasures of a normal man?
> Lose sensations, spare the insults, leave them for another day
> I've got the spirit, lose the feeling, take the shock away.«
>
> Joy Division, »Disorder«

> »Wer sich eingesteht, Gott enttäuscht zu haben, dessen Reuehandlungen gehen nie zu weit.«
>
> Peter Sloterdijk[38]

Mit dieser Welt stimmt etwas nicht. Das ist, so scheint es, der Ausgangspunkt des Christentums. Und von diesem Punkt ausgehend führt der Weg über zwei Etappen, um sich schließlich aufzuteilen und in sehr unterschiedliche Richtungen zu münden. Zunächst wird diese Welt als Schöpfung verstanden, sobald sie mit den Augen des Glaubens betrachtet wird. Alles wird dem Glauben zur Schöpfung; und insofern, als man alles als Schöpfung sehen kann, bewegt sich der glaubende Mensch in Gottes Wirklichkeit. Doch diese Kreisbewegung bringt eine Spannung mit sich, weil Gottes Schöpfung eine zwar gute Kreation sein soll, aber Übel und Böses in ihr walten. Genau durch diesen Widerspruch zwischen Gut und Böse gerät der christliche Glaube in Bewegung und aus dieser Spannung bezieht er seine Motive.

Im wichtigsten Gebet, das die christliche Tradition kennt, heißt es ganz schlicht:

»... und vergib uns unsre Schuld, wie auch wir vergeben unseren Schuldigern.
Und führe uns nicht in Versuchung, sondern erlöse uns von dem Bösen.«

Der Glaube an die Güte der Schöpfung verbindet sich folglich mit einem lebensweltlichen Realismus, der sich auch im »Vater unser« Ausdruck verschafft. Die Erlösung des Menschen angesichts von Versuchung (nochmals: *tentatio*) und eigener Schuld steht auch für das Christentum – wie für viele andere Religionen – im Zentrum.

Doch diese Fixierung auf die humane Erlösungsbedürftigkeit trifft heute auch unter Theolog:innen zuweilen auf vehemente Kritik. Es sei die Rede von andauernder Schuld, die mitverantwortlich dafür sei, dass der christliche Glaube aus der Zeit falle und immer weniger Menschen erreichen könne. Man solle sich lieber auf andere biblische Traditionen (etwa auf die weisheitliche Literatur des Alten Testaments) berufen, als die permanente Zelebrierung von Sünde und Buße sowie die damit einhergehende theologische Missstimmung nur noch weiter zu fördern. Mit optimistischeren Alternativen ließen sich weit eher aktuelle Beiträge zu einer verbesserten Existenzführung erzielen.

Selbst wenn das zuträfe, könnte dieser Ratschlag theologisch ganz verkehrt sein. Denn der Glaube verstärkt sogar jenes ›Ärgernis‹, gegen das die theologische Zuversicht anschreibt. Nicht nur von Schuld spricht er, sondern von Sünde. Statt diese Differenz sogleich wieder einzuebnen in der Erwartung, den Glauben dadurch etwas erträglicher, vielleicht gar ›anschlussfähiger‹ zu gestalten, sollte man diesen Unterschied gerade offenhalten und in seinem Anliegen zu klären versuchen. Atheistisch an Gott zu glauben, müsste also eine gewisse Orthodoxie keineswegs ausschließen. Nur, welche Form könnte sie heute noch annehmen?

Schuld ist eine Kategorie, die das Verhältnis zwischen Menschen betrifft; Sünde hingegen bringt Gott ins Spiel. Wer schuldig geworden ist, hat sich an einem Mitmenschen vergangen; worauf er hoffen darf und was er manchmal gar erwarten kann, ist, dass ihm von jenem Mitmenschen verziehen wird. Wer aber gesündigt hat, hat mit Gott ein Problem; und worauf er nur hoffen kann, es aber niemals erwarten darf, ist, dass ihm vergeben werde, was allein Gott zukommt. *Schuld und Verzeihen gehören in die Sphäre interpersonaler Verhältnisse außerhalb des Glaubens; hingegen gehören Sünde und Vergebung in die Beziehung zwischen Gott und den Menschen als Aspekt des Glaubens.*

Außerhalb des Glaubensaspekts gibt es nur menschliche Schuld und die Möglichkeit des Verzeihens; allein im Aspekt des Glaubens gibt es die Sünde und die in Gottes Wirklichkeit mögliche Vergebung dieser Sünden. Gott und Sünde verschwinden, wenn der Glaube sich verflüchtigt – genau wie die Details eines Aspekts, sobald man diesen nicht mehr erkennt. Und umgekehrt kommt mit dem Glauben auch die Sünde in die Welt, die allein gegenüber Gott ihren Ort und Sinn hat – genau wie das plötzliche Erkennen und Wiedererkennen eines Aspekts an und in der Welt. Und so fragt sich, warum man überhaupt glauben soll, wenn schon der Verzicht auf den Glauben die Sünde auflöst? Bezeichnet die Sünde denn gar keine Verfehlung, die auch ohne den Glauben bestünde? Soll das der christliche Realismus sein, von dem gerade eben noch die Rede war?

Nach dem Zweck des Glaubens zu fragen, lässt keine Antwort zu, die sich einer positiven Nutzenbilanz verdankte. Und soweit sich überhaupt auf solche kleinen Ökonomien vermeintlicher Vorteile verweisen ließe, sollten sie keine Gründe für oder gegen den Glauben sein. Derartige Rechnungen gehören anderen Aspekten der Welt an, wie alle Vertreter:innen von Sotheby's bestätigen werden. Was sich hingegen sagen lässt, ist, dass Menschen an Gott glauben. Dadurch wird die Welt in einer allesumfassenden Hinsicht betrachtet, zu welcher auch die Sünde und die Erlösung von ihr gehören. Die Theologie denkt genau dieser Bewegung des Glaubens *nach*. Sie ist also ein nachdenkliches Unterfangen, das beschreibt, wie der Glaube entsteht, wie er bedroht ist und verloren geht und wie der Aspekt des Glaubens als eine Weise, das gesamte Leben vor Gott zu führen, wieder aufersteht.

Der Glaube an Gott schafft das Problem, das er selbst bekämpft, so ließe sich die zirkuläre Lage zuspitzen. Das spricht nicht gegen diesen Glauben, sondern entfaltet seine innere Dynamik. Wie mit dem Fußball die Abseitsfalle in die Welt kommt, die ohne ihren sportlichen Kontext selbst ins Abseits geriete, so haben die Sprachspiele des Glaubens nur innerhalb der Glaubenspraxis ihren Ort und Sinn. Und wie mit der Kunst ein Gemälde möglich wird, das ohne seine Rezeption bloßes Material bliebe, so sind auch ›Gott‹, ›Sünde‹ und ›Erlösung‹ an diesen ›sinnlichen‹ Aspekt gebunden. Wenn man den sportlichen und den ästhetischen Fall für akzeptabel hält, warum dann nicht auch den religiösen?

Wer von der Erlösung von dem Bösen spricht, spricht also zugleich von der Sünde und ihren verheerenden Folgen. Dabei hat die Tradition einige Differenzierungen eingeführt, um verschiedene Formen des Sündigens auseinanderzuhalten. Obgleich das Sündenregister lang ist, konzentriere ich mich auf eine Unterscheidung, um auch diese wieder zurückzunehmen: Einerseits ist von sogenannten Tatsünden die Rede, die sich auf konkrete Verfehlungen beziehen. Andererseits wird von der Erbsünde gesprochen, die ohne weitere Einschränkungen alle betreffen soll. Weil alle immer schon Sünder sind, kehren sich auch ihre Taten in sündige Handlungen. Es ist ein dunkles Kapitel des Christentums, die Erbsünde quasi biologisch begründet zu haben. Sexualität und Körperlichkeit wurden als infektiöse Untaten abgewertet, um die Weitergabe der Sünde als deren Vererbung verständlich zu machen. Eine etwas zugänglichere Strategie behauptet, einige der Strukturmerkmale menschlicher Gemeinschaft wie Knappheit, Sterblichkeit oder Ungleichheit sorgten dafür, dass faktisch jeder schuldig (und sündig?) werde. Die verinnerlichte Variante jener Strukturdiagnose besagt, dass es der Gebrauch der Freiheit sei, der die Menschen in einen Taumel versetze, sie ängstlich werden lasse und in ihnen mit der Angst vor der Angst das Bewusstsein der Schuld stifte.

Aus dem modalen Begriff des Glaubens hingegen ergibt sich ein anderes Bild als das, was Autoren wie Augustinus, Kant oder Kierkegaard gezeichnet haben: *Tatsünden gibt es gar nicht, während das Anliegen der Erbsünde vollkommen richtig ist.* Ersteres gilt, weil die Sünde nicht in dieser oder jener Einzelhandlung zu finden ist; sie besteht vielmehr darin, nicht zu glauben, woraus sich aus Sicht des Glaubens die einzelnen Taten und Untaten erst ergeben werden. Kern der Sünde ist also der Unglaube. Zweiteres gilt, weil Menschen nicht durch Taten sündig werden (wenn auch schuldig); vielmehr ist Sünde ein Implikat des Glaubens, und wer die Welt als Schöpfung mit glaubenden Augen betrachtet, versteht sich notwendig auch als Sünder. Das ist kein Ergebnis faktischer Feststellungen, sondern Element des Selbstverständnisses im Glauben. Genau diese *apriori*-Sündigkeit drückt die Lehre von der Erbsünde aus – wie gesagt: durch zweifelhafte Mittel, aber mit einer wichtigen Intention.

Erlöst wird der Mensch folglich von der Sünde, die aus der Sicht des Glaubens der Unglaube ist. Und erlöst soll der Glaubende dazu sein, sich selbst als nun erlösten Sünder zu verstehen, den anderen als seinen Nächsten zu sehen und die Welt als Gottes Schöpfung zu erkennen, um in allen drei Dimensionen in Demut angesichts der bleibenden Anfechtung, in Dank wegen des Glaubens als Gabe Gottes und in Engagement für seine Schöpfung handeln zu können. Erlösung ist also immer eine Erlösung *von* einem alten Leben und eine Erlösung *zu* einem neuen. Zu diesem neuen Verständnis gehört die Gewissheit, jenen Wandel nicht selbst herbeigeführt zu haben, weil Erlösung etwas ist, das allein Gott obliegt.

Doch bleibt es nicht bei jener obigen Kritik, dass das Christentum die Sünde in die Welt setzt, um sie dann einer gnädigen Vergebung zuzuführen? Wie weit sollen denn die »Reuehandlungen« des Menschen gehen, wenn er einmal Gott enttäuscht hat? Lässt sich mit Aktivismus überhaupt etwas beim Allmächtigen ausrichten? Diese Fragen erscheinen in einem etwas anderen Licht, wenn die Blickrichtung wiederum modal umgedreht wird: Der Glaube denkt nicht *von der Sünde aus*, von welcher dann erlöst werden müsste; vielmehr denkt der Glaube umgekehrt *von der Erlösung her*, die die Sünde schon voraussetzt.

Entsprechend ist der Satz, mit dem dieser Abschnitt eröffnet wurde, zu verstehen: Mit dieser Welt stimmt etwas nicht. Doch der Ausgangspunkt des Christentums ist nicht jene Fehlermeldung, sondern der schon behobene Fehler, welcher sehen lässt, dass etwas Grundlegendes in *disorder* war. Die Logik besteht also nicht in einem religiösen Akt der Reinigung, um dann irgendwie weiter existieren zu können; sie besteht in einer Umkodierung von allem im und durch den Glauben, die die Differenz zwischen den Aspekten sichtbar werden lässt. Dann aber muss die Stimmung des Glaubens nicht jene oft bemängelte Freudlosigkeit sein (über die sich Thomas Mann in den *Buddenbrooks* so lustig gemacht hat). Allen Grund hätte der Glaube, guter, ja bester Stimmung zu sein!

Diese Stimmung bleibt nicht im Abstrakten, sondern konkretisiert sich im Neuen Testament dadurch, dass sie personalisiert wird. Im Mittelpunkt stehen dort das Leben und Sterben von Jesus aus Nazareth. Nur Bruchstücke seiner Vita erfahren wir, ohne dass sich aus ihnen eine historisch gesicherte Biografie zusammensetzte. So viel ist jedoch sicher, dass sein Wirken durch das Heilen und Predigen in Galiläa geprägt war. Aber auch davon lesen wir nur in Berichten, die erst Generationen später entstanden sind. Daher wird die Suche nach einem historischen Kern jener Verkündigung überlagert durch das Ineinander von erzählter Geschichte und der durch Erwartungen und Wertungen bestimmten Signatur ebendieser Erzählung. Was wir somit vor uns haben, ist nicht nur der predigende Jesus in der galiläischen Provinz, sondern ein seinerseits gepredigter Christus überall dort, wo von ihm berichtet wird.

Die Frage nach dem historischen Jesus weicht dann dem entscheidenden Problem, wie und wo dieser Jesus – der Gesalbte und also *christos* – denn seinerseits historisch wird. Jene neutestamentlichen Texte umspielen folglich ein Geschehen mit drei Dimensionen, welche im Akt ihrer Aneignung zueinander finden: Jesu Dasein und Handeln, die Berichte von ihm und seinem Wirken sowie unser Umgang mit beidem im Hier und Heute. Es ist ganz wesentlich, dass jene Verkündigung, die selbst zum Gegenstand der Verkündigung wird, oft die Form von Gleichnissen annimmt; so heißt es in den Evangelien:

> »Das Himmelreich gleicht einem Senfkorn, das ein Mensch nahm und auf seinen Acker säte; das ist das kleinste unter allen Samenkörnern; wenn es aber gewachsen ist, so ist es größer als alle Kräuter und wird ein Baum, dass die Vögel unter dem Himmel kommen und wohnen in seinen Zweigen.« (Mt 13,31 f.)

Was geht hier vor sich? Von Jesus Christus wird berichtet, indem seine gleichnishafte Verkündigung den Leserinnen und Hörern so nahegebracht wird, dass sie in diesen Text hineingezogen werden; denn Gleichnisse sind keine in sich abgeschlossenen Berichte, sondern sie binden ihren Adressaten so ein, dass die Form, die das »Himmelreich« gegenüber allen politischen Reichen jetzt annehmen mag, eigens zu bedenken wäre. Der Text gibt die ausstehende Antwort nirgends vor, sondern nimmt den antwortenden Menschen in Anspruch, um sie selbst zu erproben. Er gibt Anteil an jenem Reich, dessen Teil er selbst schon ist. Dann aber könnte es sein, dass die Wirklichkeit, in der Jesus als Sohn Gottes ganz lebte, sich auf den Menschen überträgt, der von ihm liest; dass also dieser Mensch hineingenommen wird ins Gleichnis, das von einem Aspekt an der Welt zu erzählen weiß, der sich nicht bloßer Beobachtung verdankt, sondern jenem neuen Blick, der alles anders und neu sehen lässt. Ohne den Glauben gibt es dieses »Himmelreich« nicht; mit ihm aber kommt ein neues ›Reich‹ in die Welt, wodurch jene anderen herausgefordert sind. Es ist dieser Konflikt, der jenen Berichten zufolge nach Golgatha und zum Kreuz Jesu führt – ein Konflikt nicht innerhalb des Aspekt*reich*tums dieser Welt, sondern zwischen politischer Macht und der (All-)Macht der Schöpfung samt den Imperativen des Handelns, die aus ihnen gefolgert werden.

Im »Apostolischen Glaubensbekenntnis«, das von der Gemeinde bis heute in jedem Gottesdienst gesprochen wird, heißt es von Jesus:

> »Ich glaube an Jesus Christus, (den) eingeborenen Sohn, unsern Herrn, empfangen durch den Heiligen Geist, geboren von der Jungfrau Maria, gelitten unter Pontius Pilatus, gekreuzigt, gestorben und begraben, hinabgestiegen in das Reich des Todes, am dritten Tage auferstanden von den Toten (…).«

Von den damals herrschenden Römern als gefährlicher Aufwiegler betrachtet und verurteilt, endete Jesu Leben auf die zu jener Zeit übliche Weise. (Man stelle sich also vor, statt des Kreuzes hätten die

Machthaber in Palästina die Guillotine als Instrument ihrer Urteilsvollstreckung verwendet: Unsere Altäre sähen heute etwas anders aus.) Aus den Berichten der Jünger:innen, denen Jesus nach seinem Tod erschienen sei, spricht die Gewissheit, dass Jesu Leben zwar ein irdisches Ende gefunden hatte, der Geist jedoch, in dem er es geführt hat, ihn selbst überleben wird. Die Verkündigung der Auferstehung von den Toten muss daher nicht als mirakelhafte Revision eines eigentlich unwiderruflichen Todes aufgefasst werden, auch nicht als martialische Opferung des Sohnes durch den auf Satisfaktion bestehenden Vater (dabei ist einzugestehen, dass diese Interpretamente eine in der Christentumsgeschichte prominente, auch ungute Rolle eingenommen haben). Vielmehr kann Jesu Auferstehung als Artikulation eines Glaubens daran verstanden werden, dass sein Heilen und Predigen ein Geschehen sei, welches mit diesem Tod am Kreuz gerade nicht endet; dass die Wirklichkeit, in der Jesus von Nazareth selbst lebte und von der er Zeugnis ablegte, mitten unter seinen Jünger:innen bleiben werde; dass sie gerade darin Jünger:innen würden, sofern sie mit seinen Gleichnissen und dem Reich Gottes, das diese Gleichnisse bringen, leben werden; und dass sie darin die Sünde hinter sich lassen, indem sie glaubend durchs Leben gehen.

Im oben zitierten Glaubensbekenntnis folgt auf die Geburt durch die »Jungfrau«, d. h. die junge Frau namens Maria, sogleich das Leiden »unter Pontius Pilatus« samt Kreuzigung. Was dazwischenliegt, bleibt unerwähnt oder verdeckt vom großen Höhepunkt am Ende. Konsequenterweise wird traditionell alles von diesem Finale her gelesen und das Heilen und Predigen schon im Licht der Auferstehung betrachtet. Hier hingegen wurde der umgekehrte Weg beschritten: Gerade auf diesen Raum zwischen Geburt und endgültigem Leiden – also zwischen Maria und Pilatus – wurde der theologische Akzent gelegt. Die Auferstehung könnte dann von Jesu Gleichnissen her gelesen werden, indem die Wirklichkeit, die sich gleichnishaft zuspielt, als Auferstehung in ein ›neues Leben‹ und damit als Gottes Wirken gegen den Tod erfahren wird. Der am Kreuz getötete Jesus von Nazareth ist folglich in seine gleichnishafte Verkündigung hinein auferstanden.[39]

Jesus Christus ist daher nicht nur Beispiel für jene, die ihm nachfolgen – »waiting for a guide to come and take them by the hand«. Denn er teilt selbst die erlösende Wirklichkeit in Gleichnissen mit, die tun, wovon sie erzählen. Wie ein Gruß, der bringt, was er sagt, so predigt der Sohn das Reich des Vaters, zu dem diese Predigt selbst gehört.

4
Beten. Und Empfangen.

> »Keine Substanz, kein Zugang, keine Bemächtigung. Worte, die bewirken, was sie sagen, und die man aus diesem Grund sakramental nennt. Eine Gegenwart, die man in jedem Augenblick zu verlieren droht, die von neuem durch das Wort gesagt werden muß, das durch den Geist wieder gesagt werden muß.«
>
> Bruno Latour[40]

Der christliche Glaube ist ohne das Gebet kaum vorstellbar. Man denke an das schon erwähnte »Vater unser«, aber auch an die Glaubensbekenntnisse, zudem an die sehr unterschiedlichen Gebete, die sich in beiden biblischen Testamenten finden: vom Dank für Gottes Zuwendung bis zur erbitterten Klage, da(ss) sie ausbleibt (schon ein Blick in die Psalmen liefert für beides zahlreiche Beispiele, etwa Ps 9, 92 bzw. 10, 74). Hinzu kommt die in sich unüberschaubar komplexe nachbiblische Frömmigkeitstradition zwischen Text und Gesang, zwischen Unterweisung und Erbauung, die bis in unsere Zeit hineinreicht. Und sie lässt sogleich fragen, ob es überhaupt neue Gebete geben kann oder die vermeintlich neuen

Texte vor allem Versuche sind, das Alte auf andere Weise zu sagen. Originalität ist dem Beten womöglich fremd.

All diese Gebete nehmen nicht nur eine herausragende Stellung in der Geschichte des Christentums ein; sie definieren geradezu, was es mit dem christlichen Glauben ›in Geschichte und Gegenwart‹ eigentlich auf sich hat. Das ist kaum verwunderlich, wenn man unter Gebeten die Gesamtheit menschlicher Kommunikationsformen versteht, um mit Gott ins Gespräch zu kommen. Diese so technische wie etwas saloppe Interpretation kann zweierlei deutlich machen: dass das Christentum keinen statischen Traditionsbestand, sondern ein andauerndes Kommunikationsgeschehen bezeichnet; und dass Christ:innen mit einem Aspekt der Welt rechnen, der in den anderen Aspekten niemals aufgeht, und somit eine Verbindung zu dieser ›Transzendenz‹ erforderlich wird. Beide Momente kommen im Gebet zusammen, sodass Reformatoren wie Luther meinten, das Gebet sei nicht eine Handlung unter anderen; vielmehr solle die Weise, das gesamte Leben im Glauben zu führen, ein einziges Gebet sein. Dasselbe sagte er auch von der Buße.

Doch nach diesen allgemeinen Auskünften sind Differenzierungen nötig. Traditionell wird unterschieden zwischen dem Gebet als Dank, Bekenntnis, der Klage sowie der Bitte. Die folgenden Überlegungen konzentrieren sich vor allem auf das Bittgebet – und dies aus einem argumentativen Grund: Es ist das Gebet als Bitte, das wesentliche Motive für ein personales Gottesverständnis liefert; denn es scheint vorauszusetzen, dass es einen Adressaten geben muss, der auf jene menschlichen Bitten wohlwollend oder auch abweisend reagieren kann. Und wenn, wie eingangs festgehalten, das Gebet einen wesentlichen Bestandteil christlicher Glaubenspraxis bildet, würde diese Eigenschaft auch auf Gott als personalen Empfänger jener Gebete übergehen. Das aber ist für ein modales Verständnis von Gott und Glaube offenbar ein ernsthaftes Problem. Und so wird es nötig, diesen Einwand nun seinerseits aufzunehmen. Oder etwas offensiver formuliert: Wenn sogar für das Gebet als Bitte gezeigt werden kann, dass es keinen Gott als Quasi-Person reaktivieren muss, sind dem Theismus in all seinen Schattierungen die besten Gründe genommen.

Um genau dies zu tun, sei knapp an die theistischen Programme und ihre Ausformungen erinnert. Sie dokumentieren sich gut in folgender Passage:

> »Es ist offensichtlich, daß die Praxis des Bittgebets einen personalen Gott voraussetzt, der frei wählen kann, bestimmte Dinge zu tun, auch wenn er die Fähigkeit hätte, anders zu handeln (...). Wie menschliche Personen wird Gott als eine rational handelnde Person verstanden.«[41]

Was wir hier vor uns haben, ist eine durch und durch anthropomorphe Gottesvorstellung; doch ist diese theistisch sanktionierte Vorstellung ›nach dem Bilde des Menschen‹ naiv. Sie mündet in Fragen, die in der Unmöglichkeit, sie auch nur oberflächlich zu beantworten, ihre eigenen Verwirrungen bekundet (dazu nochmals Abschnitt II.1).

In Weiterentwicklung einer theistischen Konzeption wurde deshalb nicht nur bedacht, wie Gott zu denken sei, damit er unsere Gebete erhört. Es wurde auch gefragt, wie zu verhindern wäre, dass Gebete zur bloßen Beeinflussung von Gottes Handeln degradiert werden. Schließlich soll er allmächtig sein, sodass er alles tun kann, was möglich ist, um etwas Bestimmtes zu veranlassen; und er soll allwissend sein, sodass er bereits um unsere Bitte wüsste, bevor wir sie äußern könnten; und er soll allgütig sein, sodass das, was er tut, stets zugunsten der Schöpfung geschehe. Um diese Prämissen zu berücksichtigen, ohne den theistischen Rahmen zu verlassen, hat man das Verhältnis von Bitten und Empfangen neu justiert. Demnach gelte, dass im Gebet um etwas gebeten werde, das ohne das Gebet nicht geschehen wäre (i); dass das im Gebet von Gott Erhoffte allein Gottes Werk sei (ii); und dass das Gebet somit keine Einwirkung auf das Sein Gottes darstelle (iii).[42] Die Annahmen (i) bis (iii) stehen für das, was man als ›doppelte Täterschaft‹ bezeichnet hat: Demnach sei das Bittgebet nicht nur eine Mitteilung, die an Gott gerichtet werde, sondern zugleich das Medium, durch das Gottes Handeln den Menschen erreiche; der Akt des Gebets bewirke nicht, dass Gott tätig werde, sondern im Gebet empfange der Mensch das, was Gott ihm schon immer geben wollte; eine Unterlassung des Betens verhinderte den Empfang dessen, was sonst im Gebet erbeten worden wäre. Im Gebet vollzieht sich also etwas *am Menschen*, was ohne das Gebet nicht geschehen würde (mit i); der erbetene Inhalt geht auf Gottes Handeln zurück: in der Hervorbringung der Gabe allein auf Gott, mit Blick auf das Empfangen aber in Kooperation mit dem Menschen (mit ii; daher also die Rede von zwei ›Tätern‹); und schließlich ändert das Erbetene Gottes ›Ratschluss‹ nicht, weil dieser Inhalt schon ›ewig‹ bestanden hat und jeweils neu *im* Glauben und *mit* dem Gebet empfangen wird (mit iii).

Der Übergang vom sorglosen Theismus zum nicht ganz unproblematischen Modell doppelter Täterschaft ist jedoch mehr als die Revision des Ersten. Es handelt sich um eine Transformation, die dazu einlädt, die *double agency* von den theistischen Komplikationen zu lösen und sie atheistisch zu lesen – wenn man die ›Täterschaft‹ in ihren Anführungsstrichen belässt. Wie könnte es also aussehen, jene Einladung anzunehmen?

Dieser Frage und einer möglichen Antwort möchte ich mich so nähern, dass jene Transformation der drei Prämissen fortgesetzt und verstärkt wird. Dabei muss eine atheistische Lesart von (i) bis (iii) die Vorstellung loswerden – aber auch überflüssig machen –, wonach Gott als menschlich beeinflussbare Instanz zu denken sei. Zugleich sollte einsichtig werden, in welcher Weise Gott das Gegenüber des betenden Menschen ist. Dazu ist wiederum zu bedenken, was vom Menschen überhaupt sinnvoll von Gott erbeten werden kann. Diese drei Eckpunkte konvergieren in der immer wieder in der Gebetstheologie auftauchenden Vermutung, es sei nicht Gott, sondern der Mensch, der sich im Gebet wandelt. Kommen wir nun zu den Details!

(zu i) In seiner Rede als wiedergewählter Präsident sagte Abraham Lincoln im März 1865 angesichts des kriegerischen Konflikts zwischen Nord- und Südstaaten: »Beide lesen die Bibel und beten zu dem gleichen Gott; und jeder erfleht seine Hilfe gegen den anderen.«[43] Selbst, wenn man Partei für die Abschaffung der Sklaverei und also gegen den konföderierten Süden ergreift, kann nicht gemeint sein, Gott als durch Gebete veranlasste, aber partikulare Interventionsinstanz zu verstehen. Gottes Freiheit ist gerade nicht die eines Agenten, wie im obigen Zitat vermutet. Wäre es so, hätte er eingreifen müssen, um sich nicht selbst untreu zu werden (womit wir nochmals das Problem des Bösen berühren; Abschnitt III.2).

Lincoln zeigt mit jener Szene auf, dass Gebete als Werkzeuge und Medien der Beeinflussung missverstanden wären. Dann aber ist der Wechsel der Perspektive nötig, die fragen lässt, was eigentlich im Gebet geschieht und sich darin ausspricht, dass jemand betet. Zunächst ist deutlich, dass der betende Mensch seine Bedürftigkeit (an)erkennt und artikuliert. Er ist nicht ziellos gegenüber Gott, sondern will etwas von ihm. Dies betrifft aber häufig Situationen, in denen die Worte fehlen, hohl werden oder abhandenkommen. Und so liegt ein Moment der Entlastung darin, dass es traditionell geprägte Gebete – wie eben das »Vater unser« – gibt, die treffende Worte zuspielen können. Dieses Gebet verhilft nicht nur zum rechten Wort, sondern lehrt, es überhaupt zu suchen, zumal zu Gott zu beten ein ganz unselbstverständlicher Akt ist. Dort heißt es: »Ihr sollt beten: Unser Vater im Himmel …«. Dieser

Text als Bekenntnis und als Bitte bleibt nicht allein ein Gebet, sondern wird zu einer Einweisung, wie man beten könnte. Zur christlichen Gebetstradition gehörte daher stets, das Gebet so zu bedenken, dass die eigentliche Unmöglichkeit, sich als Mensch an Gott zu wenden, mitbedacht wurde; dass folglich die ungemeine Schwierigkeit, Worte als Gebet auszusprechen, als Teil des Gebets als Bitte um das Gebet stets mitzuverhandeln ist.

Im Brief des Apostels Paulus an die Gemeinde in Rom heißt es entsprechend: »Wir wissen nicht, was wir beten sollen, wie sich's gebührt; sondern der Geist selbst vertritt uns mit unaussprechlichem Seufzen.« (Röm 8,26). Wer so betet – zwischen geprägter Tradition und ihrer Aneignung, damals, heute –, rechnet offenbar bereits mit jener Wirklichkeit, die im Gebet in Anspruch genommen wird. Und wem umgekehrt das Beten als Artikulation des Selbst vor einem anderen und das Gebet als Ausdruck zwischen Text und Schweigen ganz fremd ist, wird auch nichts empfangen können.

(zu ii) Das atheistische Grundproblem, wie Gott das Gegenüber des Gebets sein kann, ohne dabei zum personalen Agenten zu werden, stellt sich nun umso dringlicher. Zunächst sei gesagt, dass der einzige Adressat des Gebets Gott ist. Würden dieselben Worte (oder dasselbe Schweigen) an Menschen gerichtet, handelte es sich nicht mehr um ein Gebet. Umgekehrt ist die Betende die Einzige, die Gott vernehmen könnte; denn Gott hört man nicht mit einem anderen reden, sondern man selbst muss der Angeredete sein. Wem dies widerfährt, der bewegt sich in einer Atmosphäre, die wirklich ist, indem sie wirkt. Und diese Wirklichkeit wird effektiv, indem sie zur Sprache gebracht wird und sich das darin Gesagte artikulieren kann. Gott wird zur Sprache gebracht als das Zur-Sprache-Kommen Gottes. Und wenn gilt, dass Gottes Wirklichkeit sein Wirken am Menschen ist, folgt daraus, dass die Sprache – auch die des Gebets – am Menschen wirkt. Das Gebet gibt dann Anteil an diesem Wirken Gottes, das Gott selbst ist: Worte des Trosts, der Vergebung, der Verheißung.

Die Tradition spricht daher von Gott als Geist oder davon, dass Gottes Realität eine geistige sei. Die Praxis des Gebets ist dann die Teilnahme und Teilhabe an dieser geistigen Wirklichkeit – eine Praxis (in) göttlicher Gegenwart. Und so darf gesagt werden, dass Gott das Gegenüber (oder: Gegen-*Über*) des Menschen bleibt, obwohl nicht mit dieser oder jener Bitte zu ihm gebetet wird; vielmehr bewegt sich der betende Mensch bereits in Gottes Wirklichkeit, indem dieses Gebet die Gegenwart Gottes ist. *Gott ist nicht derjenige,* zu *dem gebetet, sondern die Wirklichkeit,* in *der gebetet wird.*

(zu iii) Doch ist das nicht ein argumentativ billiger, wenn auch theologisch ziemlich teurer Trick: das Gebet *in* Gottes Gegenwart *als* die Gegenwart Gottes zu verstehen? Wird hier nicht Gottes Wirken zur rein menschlichen Konstruktion und das Gebet zum Vehikel eines Wunschdenkens, das sich »das Tier, das Sprache hat«, leisten kann? Nun möchte ich es nicht bei der Notiz belassen, dass die Praxis des Gebets in all ihren Formen und wohl unweigerlich mit diesem Einwand zu rechnen hat, ohne ihn gänzlich ausräumen zu können. Eine etwas andere Annäherung an jene ganz berechtigten Bedenken mag die Frage eröffnen, was von Gott überhaupt sinnvoll erbeten werden kann – und was nicht. Und an diesem Punkt treffen wir auf zwei entscheidende Präzisierungen: Zum einen sei vorgeschlagen, zwischen dem, was Menschen möglich ist, und dem, was allein Gott möglich ist, zu unterscheiden. Was Menschen selbst tun können, müssen sie selbst tun – um alle Formen der Ungerechtigkeit hinter sich zu lassen, wie etwa die bereits von Lincoln bekämpfte Sklaverei. Gottes Wirken hingegen gehört dem Bereich an, der jenseits menschlicher Kapazitäten liegt. Zum anderen aber kann es nur eine einzige Bitte geben, wenn Christ:innen mit Jesus beten: »Nicht mein, sondern dein Wille geschehe!« (Lk 22,42) Und der besteht darin, alles unter einem anderen Aspekt sehen und verstehen zu können – und dadurch ein Anderer zu werden, indem man sich selbst anders und neu sieht und versteht. Alles, worum Gott sonst gebeten werden könnte – Trost, Vergebung, Verheißung –, wird Implikat dieser einen Bitte sein. Worum der Mensch in Gottes Gegenwart bitten kann, ist also nichts weniger als Gott selbst, indem der Wechsel der Aspekte möglich wird und sich der neue Blick auf alles tatsächlich einstellt.

Ob das geschieht, ob also dieser unverfügbare Aspektwechsel wirklich wird, ist nicht Sache des Menschen. Das ist keine zusätzliche Bestimmung, sondern Element des neuen Aspekts im Glauben. Dadurch aber entsteht eine prekäre Spannung zwischen Bitten und Empfangen; denn einerseits ist die im Glauben vorgetragene Bitte als damit bereits gegebene verheißen: »Alles, was ihr betet und bittet, glaubt nur, dass ihr's empfangt, so wird's euch zuteilwerden.« (Mk 11,24) Andererseits jedoch besteht für den angefochtenen Menschen kein Automatismus in den Angelegenheiten seines Glaubens. Das Gebet steht folglich auf der Schwelle; es ist eine Bewegung im Übergang – zwischen dem Beginn von etwas ganz Neuem und der Wirklichkeit, in der man im Gebet bereits wandelt. Es ist, wie Bruno Latour sagt, eine prekäre Gegenwart, eigentlich unmöglich, wohl auch fremd, stets vom eigenen Verlust umfangen, kaum sicher und niemals zu sichern, mit Worten, die im Geist dessen, den sie anrufen, immer wieder gesagt werden müssten. Es gibt also unerhörte Gebete, und selbst wenn sie erhört werden, bleiben sie ganz unerhört.

Exkurs II: **Eine göttliche Adresse**

Eigentlich, so scheint es, liegt der Fall doch recht einfach: Wer betet, betet zu jemandem; wer um etwas bittet, richtet sich an einen Adressaten; wer dankt, dankt jemandem für etwas. Könnte die Lage zugunsten des Theismus noch klarer sein? Was gibt es an diesem Personalismus der Theologie auszusetzen? Steht hier überhaupt noch etwas ernsthaft zur Debatte?

An diesem Punkt haben wir uns schon öfter aufgehalten, verehrte Leserin, lieber Leser. Und dies, obgleich es sehr viel angenehmere Plätze auf der Landkarte der dogmatischen Gebiete gibt. Doch was nützt es, auf einem Konditional zu bestehen, dessen Vordersatz konfus ist? Und was bleibt vom vermeintlich simplen Fall übrig, sofern sich diese Verwirrungen auf die konstante, aber recht schwache Verbindung zwischen Wenn und Dann überträgt? In seiner Not dreht der Theist den argumentativen Spieß einfach um: Nicht mehr von Gott als Person wird dann ausgegangen, sondern vom Gebet, der Bitte und dem Dank, die alle drei offenbar jene höchste Personalität voraussetzen. Die befürchtete Unmöglichkeit jener Triade soll nun den eigentlichen Ausgangspunkt, Gottes Existenz nämlich, gleichsam retrospektiv sichern.

Aber daraus wird nichts. Denn dann sollte man lieber furchtlos die Konsequenz ziehen und Gott seinen Ruhestand gönnen. Vor dieser Konklusion schreckt der Theist zurück, um ›Furcht und Zittern‹ zum Argument für die eigene Sicht auszurufen. Das ist – es sei ein letztes Mal notiert – eine recht unglückliche Alternative, weil es eine andere gibt, die hier als atheistische eingeführt wurde. Die Wirklichkeit Gottes stellt sich ein, indem Menschen ihr Leben in der Sprache des Glaubens verstehen und sich selbst in den Bildern ihrer Religion sehen; umfangen also von einem geistigen Wirken, das anders als in Schriften, Gesten, Klangwelten nicht wird wirken können – aber auch nicht anders wirken müsste; denn was könnte der Mensch mehr erhoffen, als dass alles anders und neu wird? Sicher, mit jenen Formeln mag sich der Einzelne auf die Verlegenheiten des Daseins beziehen. Und vielleicht spricht sich darin eine Art der Anhänglichkeit aus oder nur das Verlangen, Teil von etwas Größerem zu sein, wie einige jüngst vermuteten. Nur ist das ›nur‹ in jenem Satz ganz unnötig.

Auf die Sprache in Ton und Bild, in Liedern und Imaginationen, auch im Schweigen und Hoffen müssten wir uns also besinnen. Doch wer es tut, wird sich nicht nur Freunde machen. Sprachmystiker seien sie, so hört man vor allem aus westlichen Richtungen, auch Wortebeschwörer, die Sprache und Realität, Schein und Sein, Semantik und Ontologie verwechselten. Und dies durchaus mutwillig und nicht in Unkenntnis der Sachlage; denn sie wüssten ja, was sie tun. Und das erschwert die Punkte der akademischen Anklage.

Nun gibt es einige in der theologischen Gilde, von denen keine Klage, eher verhaltene Zustimmung zu erwarten ist, nicht ohne umfassende Korrekturen am hiesigen Atheismus einzufordern. Sie werden vorbringen, das religiöse Subjekt verstehe sich schon immer als frei und zugleich abhängig; und der Grund jener Freiheit und das Woher jener absoluten Dependenz seien in diesem spannungsreichen Gefühl – und sonst nirgends – bereits ›mitgesetzt‹.

Unnötigen Streit möchte ich nicht entfachen, doch so recht zufrieden bin ich mit dieser Lösung nicht; denn ganz frei sind wir niemals und ganz abhängig ebenso wenig, wenngleich Idealisten diese Superlative vorziehen, um sie auf die göttliche Quelle übertragen zu können. Doch alles, was hier zu erwarten ist, bleibt ein Mixtum gradueller Empfindungen und Verhältnisse. Auch sei angemerkt, dass die Frage nach dem Woher kaum sinnvoll ist, wenn sie als Antwort mitgesetzt sein soll. Hat dann jemand wirklich gefragt? Und selbst wenn – wäre eine wahrhaft theologische Replik auf jenes Warum und Woher denn zu erwarten?

Man mag es also weiterhin mit der denunzierten ›Sprachmystik‹ halten, die allerdings gar nichts Mystisches an sich hat; denn sind wir nicht alle bekannt mit jenem Umstand, dass Worte etwas tun können, wenn auch nicht ›handeln‹ werden; dass sie aber sehr wohl wirken und darin Effekte mit sich führen? Denkt doch an die mannigfaltigen Akte des Sprechens, die den Lauf der Dinge ändern, Sprechakte eben, die ›bewirken, was sie sagen‹ und darin ›sakramental‹ sind. Eine Liebeserklärung, ein Versprechen, ein Bekenntnis – die Liste ist lang!

Das sei alles ganz recht, so mag gleich eingewendet werden; aber das sprechende Subjekt sind wir noch nicht los, im Gegenteil! Irgendjemand müsse doch Erklärungen, Versprechen und Bekenntnisse abgeben. Hingegen ist ein Subjekt, eine Substanz wohl gar nicht nötig, um jene Worte vorzutragen. Texte sprechen doch zu uns, ohne dass ein Autor bekannt wäre, irgendwo auftauchte oder sich uns aufdrängen müsste. Mit jedem Roman machen wir diese Erfahrung – eine Welt entsteht, eine Atmosphäre tut sich auf. So mag es auch mit den heiligen Schriften sein, die darin heilig sind, dass sie wirksam werden. Kein Woher müsste erfragt werden, eher ein Wohin, das man jedoch »in jedem Augenblick zu verlieren droht«; auch »keine Substanz, kein Zugang, keine Bemächtigung« – und doch ganz real und präsent.

Sicher, der Glaube hat eine ›göttliche Adresse‹, ein wirkliches Gegenüber, einen Bereich des Unverfügbaren. Aber ob die Wendungen von Gott als ›Hirten‹, vom ›Vater‹ als Haupt und vom ›Herrn‹ als Autorität so einfach ins Register höchster Persönlichkeiten übertragen werden dürfen, wäre eigens zu bedenken. Zuversichtlich kann man sein, dass hier große Einigkeit in der Kritik besteht; doch die Einzelheiten der positiven Antwort enthalten den Kern von Spaltungen und die Anlässe für allerlei Schulbildungen.

Nur eines noch: Was wolltet Ihr mehr, als dass Gott, der dem Menschen etwas gibt, nicht weniger gibt als sich selbst? Wenn im Gebet also nach Gottes Wirklichkeit gerufen wird, und es möglich ist, dass sie sich selbst einstellt – eine Wirklichkeit, in der man lebt und wandelt. Was fehlt Euch an diesem Punkt, sollte leichte Unzufriedenheit noch unter euch weilen? Das »Bewusstsein von dem, was fehlt«, könnte schon an dem Anteil haben, dessen Fehlen sich hier bemerkbar macht.

Lasst uns künftige Traktate über Gott – sollten sie noch geschrieben werden – mit dem Gebet beginnen. Nein, nicht mit einem Gebet, zumal doch zwischen Theologie und Glaube sauber zu trennen ist; aber mit einem Kapitel über das Gebet als alles, was sich über Gott überhaupt sinnvoll sagen ließe.

5
Die Hoffnung des Glaubens

> »Weitermachen!«
>
> Inschrift auf dem Grabstein
> von Herbert Marcuse, Dorotheen-
> städtischer Friedhof, Berlin

Wer lebt, der hofft; und wer hofft, ist auf etwas aus, das noch nicht so ist, wie es der hoffende Mensch erhofft. Damit ist bereits zweierlei gesagt: dass ein Leben gänzlich ohne Hoffnung nur schwer vorstellbar, vielleicht unmöglich ist. Stets sind wir in der einen oder anderen Form auf etwas aus, was ein Element der Hoffnung schon immer in sich tragen könnte. Und es ist damit gesagt, dass uns die Hoffnung in Spannung versetzt, weil die Gegenwart im Lichte einer ausstehenden, womöglich bereits antizipierten Zukunft betrachtet wird; dadurch entsteht eine Differenz zwischen Jetzt und Dann, zwischen dem, wie es ist, und dem, wie es sein könnte – oder gar sollte.

Die Bindung des Lebensvollzugs an den Akt des Hoffens kann so ausgelegt werden, dass totale Hoffnungslosigkeit ausgeschlossen sei, dass zu hoffen folglich keine Option, sondern eine Notwendigkeit darstelle. Das Element der Spannung wiederum macht darauf aufmerksam, dass die Hoffnung zunächst darauf aus ist, die Gegenwart tatsächlich wahrzunehmen, um die Dinge angesichts einer bestimmten Zukunft zu betrachten, zu bewerten, wertzuschätzen oder kritisieren zu können. Der Hoffnung kommt daher eine *beschreibende* Funktion im Blick auf das, was ist, zu; ein *kontrafaktisches* Moment im Blick darauf, wie es sein könnte; und mitunter auch eine *normative* Dimension, die deutlich macht, wie die Dinge nicht sein sollten, gerade, weil sie anders sein könnten.

Dabei weist auch der Begriff der Hoffnung eine reiche *semantische Nachbarschaft* auf; man denke etwa an ›Erwartung‹, ›Antizipation‹, ›Zuversicht‹ und vor allem ›Optimismus‹. Von all diesen Nachbarn ist die Hoffnung abzugrenzen, selbst wenn man die jeweiligen Ähnlichkeiten und Überschneidungen wahrnimmt. Je nachdem, wie diese Grenzziehungen vorgenommen werden, ergeben sich die Gegenbegriffe zur Hoffnung; zu ihnen zählen ›Verzweiflung‹, ›Angst‹, ›Pessimismus‹, auch ›Resignation‹ und ›Zynismus‹.[44]

Einige dieser Abgrenzungen lassen sich recht einfach ziehen: So kann man alles Mögliche erwarten, während man nur etwas, das man für gut befindet, erhoffen kann. Das weiß auch die CIA, von der das Motto überliefert ist: »Hope for the best – but be prepared for the worst!« Der Optimist wiederum bewertet ein bestimmtes Arrangement vor dem Hintergrund seiner Werte und Kriterien programmatisch positiv, wohingegen man selbst dann noch hoffen kann, wenn man jene zuversichtliche Einschätzung nicht teilt oder sie bereits widerlegt ist. Die Hoffnung wird nicht so einfach »zuschanden« (Röm 5,5), wie der Optimismus untergraben wird.

Neben dieser Strategie, den Begriff der Hoffnung zu klären, indem er von verwandten Konzepten abgegrenzt wird, gibt es einen alternativen Zugang, der fragt, welcher *Status* der Hoffnung zukommt. Es ist umstritten, was denn die Hoffnung eigentlich sei: eine Einstellung und Haltung, eine Disposition, gar eine Tugend oder eine Emotion? Vielleicht muss man sich hier auch nicht in jedem Fall entscheiden oder erst dann, wenn eine genauere Definition des Hoffens vorliegt. Die *Standardanalyse* zum Hoffnungsbegriff sieht jedenfalls vor, dass sich Hoffnung in zwei Elemente aufteilt. Zum einen muss das Erhoffte vom hoffenden Menschen begehrt und gewünscht werden; zum anderen darf der Gegenstand der Hoffnung weder notwendig noch unmöglich sein, sondern muss im Rahmen des (physikalisch) Möglichen liegen. Was nicht für gut befunden wird, kann nicht Objekt der Hoffnung (und eben nur der Erwartung) sein; und was längst als sicher feststeht, kann zwar vorausgesagt und vorweggenommen, aber nicht erhofft werden; was wiederum unmöglich ist, liegt außerhalb sinnvoller Hoffnungen. So zumindest lautet der philosophische Mehrheitsbefund.

Einigkeit besteht zumeist darin, dass beide Bedingungen (wünschen, dass x; sowie die Möglichkeit von x) notwendig für das Hoffen, dass x (oder das Hoffen auf x) sind. Und Einigkeit besteht auch darin, dass diese beiden Bedingungen allein nicht hinreichend sind, wobei die Angebote, was denn das zusätzliche dritte (oder vierte) Element sei, zum Teil weit auseinandergehen. Manche meinen, es bestehe in der Relevanz von *x* für die darauf hoffende Person; andere behaupten, diese Person müsse sich *x* mental vorstellen und sich darauf in bestimmter Weise beziehen; wieder andere sagen, es müssten externe Faktoren vorliegen, die einem bewusst seien und die man für gut hält (wenn man hofft) oder die man als schlecht einstuft (wenn man verzweifelt).

Alle drei Strategien, dem Begriff der Hoffnung auf die Spur zu kommen – die Abgrenzung von Nachbarkonzepten, die Klärung der Statusfrage und die begriffsanalytische Segmentierung in Einzelteile – haben vieles für sich. Aber sie sind auch limitiert, zumal sich ein komplexes Phänomen, wie es die Hoffnung ist, allgemeingültigen Bestimmungen fast notwendig entzieht. Dies zeigt sich besonders deutlich, wenn Hoffnung in einem religiösen Rahmen zum Thema wird. Wie Liebe, Vertrauen oder Dankbarkeit konfrontiert auch die Hoffnung mit dem Umstand, sowohl säkular verwendet zu werden als auch ein zentrales Sprachspiel des Glaubens zu sein. Und dies führt zur Frage, ob jene Begriffe im Glauben und Nichtglauben identisch sind oder ob sich Differenzen zwischen beiden Aspekten benennen lassen. Wie wir sehen werden, ist das Zweite der Fall – mit interessanten Verschiebungen im Begriff und Phänomen der Hoffnung, die zunächst gar kontraintuitiv erscheinen mögen.

Eine dieser Grundintuitionen besagt, dass Hoffnung stets das Hoffen auf Zukünftiges sei; mit Hoffnung komme das noch Ausstehende ins Spiel. Eine zweite Intuition besagt, dass Hoffnung stets das Hoffen auf etwas Konkretes bezeichne; mit der Hoffnung gerate im Kern ein Hoffen, dass *x* in den Blick. Doch beide Thesen sind in dieser verallgemeinerten Form voreilig, wie die Verbindung des Hoffnungsthemas mit dem des religiösen Glaubens verdeutlichen kann.

Wie ich versucht habe zu zeigen, geht es im Glauben an Gott nicht primär um diesen oder jenen Inhalt; vielmehr ist der religiöse Glaube eine bestimmte Weise, das gesamte Leben zu führen. Was die bewusst vage Wendung »bestimmte Weise« besagt, wird konkretisiert, indem sich zusätzliche, recht klassische Qualifizierungen dieses Glaubens benennen lassen. Zu ihnen zählt – neben der (Nächsten-)Liebe, dem Vertrauen, dem Dank – auch die Hoffnung. Der religiöse Glaube ist also eine durch Hoffnung qualifizierte Weise, das Leben zu verstehen und entsprechend zu führen. Was als *Modalisierung des Glaubens* vorgestellt wurde (siehe Abschnitt II.2), betrifft folglich auch die Hoffnung. Dies führt nun zu einer ganz wesentlichen Unterscheidung im Begriff der Hoffnung: Wir haben zu differenzieren zwischen einem Hoffen, das sich tatsächlich auf konkrete Inhalte oder bestimmtes Material bezieht (hoffen, dass *x*), und einem Hoffen, das jene Qualifizierung des gesamten Lebensvollzugs bezeichnet (in Hoffnung oder hoffnungsvoll leben). Der *materiale* Begriff geht mit konkreten Inhalten der Zukunft einher; der *modale* Begriff hingegen bestimmt die Existenz des ganzen Menschen, ohne dass konkrete Zukünfte im Blick wären, weil der Modus der Hoffnung Zukunft, Gegenwart und Vergangenheit gleichermaßen betrifft.

Offensichtlich sind mit dieser Differenz beide obigen Intuitionen herausgefordert: Hoffnung muss sich nicht immer auf etwas Konkretes richten; und sofern Hoffnung als Modus der individuellen oder kollektiven Lebensführung verstanden wird, sind alle drei Zeitdimensionen betroffen, nicht nur die Zukunft. Doch die Differenz zwischen materialem und modalem Hoffnungsbegriff lässt danach fragen, wie beide Varianten zueinander stehen, ob sie gleichberechtigt sind oder ob sich zwischen ihnen Asymmetrien abzeichnen. Ich werde die These vertreten, dass für die ›Hoffnung des Glaubens‹ der modale Begriff den Vorrang vor dem materialen genießt, und zwar insofern, als konkrete Inhalte glaubender Hoffnung möglich sind, weil das Leben im Modus des Glaubens geführt wird. Die Zukunftsdimension des hoffenden Glaubens wird demnach nicht bestritten, sondern dadurch geklärt, dass ihr modaler Grund präzisiert wird. Wie sieht das konkret aus?

Die Liste, die die konkreten Inhalte eines hoffenden Glaubens (oder einer glaubenden Hoffnung) umfasst, ist prominent besetzt. Christinnen und Christen vollziehen ihr Leben im Glauben, indem sie auf die Auferstehung von den Toten und das ewige Leben hoffen; indem sie die Wiederkunft Christi erwarten; indem sie an der Verheißung von etwas radikal Neuem – dem Reich Gottes und seiner Herrschaft, einem neuen Bund, einem neuen Jerusalem, einem neuen Äon – festhalten; und indem sie sich darauf ausrichten, dass es ein Gericht am ›Jüngsten Tag‹ geben wird.[45] Die Versuchung liegt nahe – und ihr wurde und wird allzu häufig nachgegeben –, in all diesen Bestimmungen die Haltepunkte eines geschichtstheologischen Fahrplans in Richtung Zukunft zu sehen. Dadurch entstehen entsprechende Zukunftsmodelle, die traditionell zwischen Fortschrittsgeschichten und Apokalyptiken, zwischen spekulativen Utopien und einer religiös sanktionierten Weltabgewandtheit schwanken. Denn entweder kommt das Beste erst noch oder mit der Welt als Inbegriff von Verlorenheit und Sünde wird irgendwann, dann aber endgültig, Schluss gemacht.

Liest man die Heilsgeschichte in diesem temporalen Sinn eines göttlichen Fahrplans, bei dem es nicht allzu selten zu gehörigen Verspätungen kommt, verstrickt man sich in ›heillose‹ metaphysische Irrtümer. Denn derartige Zukunftsaussagen gehören nicht zu den Kompetenzen der Theologie, sondern werden in der Kosmologie, gegebenenfalls in der Futurologie und zuweilen auch in der Meteorologie verhandelt. Alles andere unterliegt der Verwechslung ganz verschiedener Aspekte, Hinsichten und Perspektiven (wie der »Prolog mit Bild« zeigte).

Aus dem atheistischen Vorschlag, alle theologischen Bestimmungen von der Schöpfung bis zum ›jüngsten Gericht‹ als Näherbestimmungen des Glaubens – seiner Entstehung, seines Verlusts, seiner erbetenen und erhofften Wiedergewinnung – zu verstehen, ergibt sich eine ganz andere Lesart jener dogmatischen Teilstücke. Man steht von den ›Toten‹ auf, indem man (wieder) zum Glauben findet; und wem dies widerfährt, der hat bereits das »ewige Leben« (so Joh 3,36); das ist zugleich die Wiederkunft Christi, in dessen Reich der Gleichnisse ein Glaubender wandelt, sodass sich das ganz Neue – als Herrschaft, Bund, Äon – einstellt; und dies nicht, weil ein Gericht vor uns wartete, sondern insofern, als dieses Sich-Einstellen des Aspekts im und durch den Glauben selbst das Gericht *ist!* Woran der Glaubende in alldem mit Hoffnung, Liebe und Vertrauen glaubt, ist folglich Gottes Wirklichkeit, die ein zukünftiges Wirken bleibt. Nicht wir sind es, die sie herstellen könnten, sondern es ist allein Gottes Wirklichkeit, die am Menschen derart wirken kann.

Und nun mag deutlich werden, warum der modale Begriff den Vorrang vor dem materialen genießt: Nur wer die Welt unter dem Aspekt des Glaubens betrachtet und sein Leben im Glauben oder glaubend und in der Hoffnung oder hoffnungsvoll führt, für den werden Auferstehung, ewiges Leben und Christi Wiederkunft als absolut Neues und selbst das Gericht zu sinnvollen, lebensorientierenden Bestimmungen der Zukunft, insofern sie bereits jetzt die Gegenwart qualifizieren. Materiale Einzelhoffnungen gibt es, weil die modale Hoffnung als Element des Lebensvollzugs im Glauben alles in einem neuen Aspekt sehen lässt, ohne den sich die Auferstehung, Ewigkeit und all die anderen ›Neuigkeiten‹ auflösen. Worauf der hoffende Mensch im Glauben hofft, ist also Gottes Wirklichkeit als sein Wirken am Menschen. Dies sei, so Luther, die »reinste Hoffnung« (WA 5, 166: *purissima*), weil nur so das Erhoffte und der Hoffende eins werden.

Das aber nötigt aus der Sicht der Theologie offensichtlich zur Revision der obigen Standardanalyse der Hoffnung. Dass die Hoffnung auf ein Gut gerichtet ist, das begehrt und erwünscht wird, indem man es erhofft, trifft auch für den Aspekt des Glaubens zu. Doch dass dem Erhofften der Status des Kontingenten zukommen müsste, der zwischen dem Notwendigen und dem Unmöglichen liegt, ist durchaus fraglich; denn die Hoffnung, die auf Gottes Wirken hofft, richtet sich auf etwas, das dem Menschen gerade unmöglich ist und allein Gott zufällt, indem er das Neue möglich macht. Dabei verbleibt dieser Glaube in der Ambivalenz seiner Anfechtung und schwankt zwischen der Gewissheit des Erhofften und der bleibenden Unsicherheit, der dieser Glaube selbst stets unterliegt. Zuweilen ist, wie wiederum Paulus einschärft, »gegen alle Hoffnung« zu hoffen (vgl. Röm 4,18; dazu nochmals Abschnitt II.5).[46]

Was diese radikale Hoffnung für den Glauben leistet, ist somit ein Dreifaches. Die Hoffnung qualifiziert den modal verstandenen Glauben näher. Der Glaubende versteht sich in und durch Hoffnung anders, zumal ein hoffender Mensch ein anderer ist als derjenige, der ohne Hoffnung oder ganz hoffnungslos (wenn das möglich ist, s. o.) durchs Leben geht. Damit hat die Hoffnung und mit ihr der Glaube nicht nur einen bloß instrumentellen Wert, indem beide auf etwas aus und auf Möglichkeiten der jetzigen Wirklichkeit gerichtet sind; vielmehr haben beide bereits einen eigenen, intrinsischen Wert, weil für den Hoffenden die Welt anders aussieht als für sein hoffnungsarmes Pendant. Zudem setzt, wie wir eingangs sahen, die Hoffnung den Glauben in eine prekäre Spannung zwischen Jetzt und Dann, Sein und Sollen; nicht wie die Dinge sind, steht nun im

Zentrum, sondern wie sie sein könnten, sodass die Wahrheit der Hoffnung gerade in der heilsamen Nichtübereinstimmung mit den jetzigen Zuständen liegt. Und diese Spannung mündet in ein Engagement, das diesen Konflikt zwischen Gegenwart und erhoffter Zukunft produktiv werden lässt. Die Hoffnung drängt folglich nicht in eine ruhige Passivität der Tatenlosigkeit, sondern – mit Sören Kierkegaard gesprochen – als »Sinn für die Möglichkeit des Guten« arbeitet sie daran, diesen »Möglichkeitssinn« in den Dienst einer guten, gar besseren Zukunft der Schöpfung zu stellen.

Ohne Ende: Letzte Dinge

Kreuz und Auferstehung bilden das Zentrum des christlichen Glaubens. Und beide bezeichnen gemeinsam jene Spannung, die wir in diesem Essay umkreist haben. Zwischen gekreuzigter Gegenwart und der Auferstehung von den Toten vollzieht sich das Leben im Glauben. Als Drama.

Hoffnungen können an ihr Ende gelangen. Weil Verzweiflung stärker ist – wie an Karfreitagen. Oder weil sich Hoffnungen erfüllt haben – wie an österlichen Sonntagen. Aber weil beide Tage im Glauben nun einmal zusammengehören, steht weder das eine noch das andere zu befürchten.

Diese Spannung zwischen Freitag und dem Ende der Woche mag aber auch klären, warum die Hoffnung nicht ein lediglich zusätzliches Kapitel ist, das neben den anderen der Theologie stünde. Vielmehr hätte das Lehrstück der Hoffnung der Leitfaden zu sein, an dem sich die Theologie als Ganze orientiert.

Denn gehofft wird im Glauben darauf, dass sich Gottes Wirklichkeit einstellt, indem sie am Menschen wirkt, der nun alles unter einem anderen, neuen Aspekt sehen und verstehen kann. Kommt es dazu, kann von Schöpfung gesprochen werden, mag ein Umgang mit dem Üblen und Bösen möglich werden, wandelt der Mensch durch die Welt der Gleichnisse und durchs erlöste Leben und betet darum und hofft darauf, dass er diesen Aspekt nicht verliert – er also ›ewig‹ bleibe.

Atheistisch glauben meint genau dies: die vergebliche Suche, ›hinter‹ jenem Geschehen einen göttlichen Agenten ausfindig zu machen, als sinnlos aufzugeben, um alle Theismen ins Reich der »Irrungen und Wirrungen« zu verabschieden; den Unglauben als Teil des eigenen Glaubens zu verstehen und also die Verneinung in die existenzielle Bejahung des Lebens einzubeziehen; und mit Gott dort zu rechnen, wo seine Wirklichkeit an jenen wirksam wird, die sich dadurch als Geschöpfe zwischen Sünde und Erlösung, zwischen »speculativem Carfreytag« (so Hegel) und dem österlichen Wochenende verstehen.

Das Wochenende selbst als ein Gleichnis! Ob diese Parabel wirkt, indem es die Gemeinde miteinbezieht, kann man nur hoffen. Aber schon diese Hoffnung, nicht allein Vertreter von Sotheby's, Kunstliebhaber oder Chemikerin zu sein, sondern einen neuen Aspekt in der Welt als Bild zu sehen, hat selbst bereits Anteil an jenem Aspekt, auf den man hofft. Hier ist es wieder – das Zirkuläre des Glaubens, so wirst Du wohl sagen, lieber Leser. Ich kann Dir hier leider keine genaueren Auskünfte geben, als ein weiteres Sprachspiel vorzuschlagen; denn nun von ›Offenbarung‹ zu sprechen, mag mit einem Begriff beruhigen, aber begründet wird dadurch auch hier nichts. Genauso wenig, wie es das ›Erscheinen‹ eines Kunstwerkes vermag, um nur vermeintlich zu begründen, warum aus dem Werk denn Kunst entstehen könnte. Wir sagten schon: Es sind Ritus, Gebet, Musik und Gesang, Gottesdienst, Liturgie, die Sprache des Glaubens und seine Gleichnisse und Erzählungen, all die fantastischen Bilder der Bibel, die jenen Wechsel der Aspekte umspielen, ohne ihn jemals erzwingen zu können.

Muss man schon »religiös musikalisch« sein, um sich von alldem berühren zu lassen? Vielleicht geht es – wie wir stets dachten – gerade nicht um jene freitäglichen Spekulationen; auch nicht um den Höhepunkt am Sonntag zur frühen Stunde. Hat man denn je die Zeit dazwischen wohl bedacht, wo die Dinge nicht entschieden sind und ihre Ambivalenz auszuhalten wäre? Jenen zweiten, übersehenen, ja fast verschwiegenen Tag! Vielleicht bräuchten wir also eine Theologie des Sonnabends, des Interims zwischen Kreuz und Auferstehung, eine atheistische Dogmatik des Karsamstags! – So trifft es sich gut, dass heute tatsächlich Samstag ist. Ich verabschiede mich nun ins Wochenende, liebe Leserin, verehrter Leser. Es war schön mit Dir,

                Dein hartmut.von.sass@hu-berlin.de

Anmerkungen

1 Der Titel erinnert bewusst an einen Band der Theologin Dorothee Sölle; vgl. *Atheistisch an Gott glauben. Beiträge zur Theologie*, Olten/Freiburg i. Br. 1968; in diesem Aufsatzband findet sich ein gleichnamiger Text, sozusagen der *title track* – mit einem Unterschied: Er hat ein Fragezeichen. »Atheistisch an Gott glauben?«, in: ebd., S. 77–96.
2 Dazu Olli-Pekka Vainio und Aku Visala, »Varieties of Unbelief: A Taxonomy of Atheistic Positions«, in: *Neue Zeitschrift für Systematische Theologie und Religionsphilosophie* 57:4 (2015), S. 483–500.
3 Diese Wendung findet sich bei Habermas immer wieder, so zuletzt in: *Auch eine Geschichte der Philosophie*, Berlin 2019, Band I, S. 9 u. ö.
4 Zum Perspektivismus siehe Hartmut von Sass (Hg.), *Perspektivismus. Neue Beiträge aus der Erkenntnistheorie, Hermeneutik und Ethik*, Hamburg 2019.
5 Friedrich Nietzsche, *Also sprach Zarathustra*, in: KSA Bd. 4, hg. v. Giorgio Colli und Mazzino Montinari, Berlin/New York 1999, S. 35 ff.
6 Ebd., S. 15.
7 Friedrich D. E. Schleiermacher, *Über die Religion. Reden an die Gebildeten unter ihren Verächtern* (1799), hg. und mit einem Nachwort von Carl Heinz Ratschow, Stuttgart 1997, S. 33.
8 Zu den Anfängen des Atheismus immer noch lesenswert: Hans-Martin Barth, *Atheismus und Orthodoxie. Analysen und Modelle christlicher Apologetik im 17. Jahrhundert*, Göttingen 1971; ferner Louis Dupré, »On the

Intellectual Sources of Modern Atheism«, in: *International Journal for Philosophy of Religion* 45:1 (1999), S. 1–11.

9 Siehe Richard Swinburne, der meint: »The hypothesis that there is a God is the hypothesis of the existence of the simplest kind of person which there could be. A person is a being with power to bring about effects, knowledge of how to do so, and freedom to make choices of which effects to bring about. God is by definition an omnipotent (that is, infinitely powerful), omniscient (that is, all-knowing), and perfectly free person; He is a person of infinite power, knowledge, and freedom; a person to whose power, knowledge, and freedom there are no limits except those of logic.« (»The Justification of Theism«, online: http://www.leaderu.com/truth/3truth09.html, letzter Zugriff am 22. Juni 2022).

10 Holm Tetens' Essay *Gott denken* (Stuttgart 2015) ist der erfolgreichste seiner Art und auch bei Theolog:innen auf große Resonanz gestoßen, weil (oder obwohl?) er der obigen Charakteristik des Theismus ganz entspricht. Dessen »Kernthese« eines »idealistischen Theismus« lautet: »Es gibt Gott als unendliches vernünftiges Ich-Subjekt. Gott schafft uns Menschen als endliche geistige Ich-Subjekte und will unbedingt unser Heil.« (ebd., S. 80)

11 Dazu Richard Amesbury, »Atheism, ›Friendly Fire‹, and Contemplative Philosophy«, in: Ingolf U. Dalferth und Hartmut von Sass (Hg.), *The Contemplative Spirit. Dewi Z. Phillips on Religion and the Limits of Philosophy*, Tübingen 2010, S. 267–291, bes. S. 269.

12 Gerhard Ebeling, *Das Wesen des christlichen Glaubens*, Tübingen 1959, S. 209.

13 Um nur die bekanntesten zwei Bücher des alles andere als »neuen« Atheismus zu nennen: Richard Dawkins, *The God Delusion*, London 2006, Kap. 3; Christopher Hitchens, *God Is Not Great: How Religion Poisons Everything*, London 2007, Kap. 5 – man vergleiche das Motto zum zweiten Kapitel dieses Essays. Beide Autoren haben es leider nicht beherzigt.

14 Dazu Edmund L. Gettier, »Is Justified True Belief Knowledge?«, in: *Analysis* 23:2 (1963), S. 121–123.

15 Siehe Andreas Kemmerling, *Glauben. Essay über einen Begriff*, Frankfurt a. M. 2017: »Liegt es also im Begriff des Glaubens, daß er propositional ist, oder propositionales Glauben involviert? Nach allem, was wir betrachtet haben, scheint es so.« (S. 71)

16 Ludwig Wittgenstein, *Philosophische Untersuchungen – Teil II*, in: ders., *Werkausgabe in 8 Bänden*. Bd. 1, Frankfurt a. M. ⁹1993, S. 487–580, xi, bes. S. 518–530.

17 Vgl. Markus Gabriel, *Moralischer Fortschritt in dunklen Zeiten. Universale Werte für das 21. Jahrhundert*, Berlin 2020, S. 46–49.

18 Thomas Altizer and William Hamilton, *Radical Theology and the Death of God*, Indianapolis 1966; und Ronald Dworkin, *Religion without God*, Cambridge, MA 2013, Kap. 1.

19 Dazu Peter Sloterdijk, *Den Himmel zum Sprechen bringen. Über Theopoesie*, Berlin 2020, S. 94 f. und S. 221.

20 Ludwig Feuerbach, *Das Wesen des Christentums*. Ausgabe in zwei Bänden, hg. v. Werner Schuffenhauer, Berlin 1956, S. 107.

21 Ebd., S. 403.

22 Ebd., S. 540.

23 Vgl. Dewi Z. Phillips, »Wittgensteinianism. Logic, Reality, and God«, in: William J. Wainwright (Hg.), *The Oxford Handbook of Philosophy of Religion*, Oxford 2005, S. 447–471, bes. S. 461.

24 Karl Barth, *Die Kirchliche Dogmatik I/1* (1932), Zürich 1993, S. 312.

25 Martin Seel, *Die Macht des Erscheinens. Texte zur Ästhetik*, Frankfurt a. M. 2007, S. 25.

26 Johannes Calvin, *Unterricht in der christlichen Religion. Institutio Christianae Religionis*. Nach der letzten Ausgabe von 1559 übersetzt und bearbeitet von Otto Weber. Im Auftrag des Reformierten Bundes bearbeitet und neu herausgegeben von Matthias Freudenberg, Neukirchen-Vluyn ²2009, III,2,17.

27 Zum Motiv der Reue Gottes im Alten Testament instruktiv Jan-Dirk Döhling, Art. »Reue Gottes (AT)«, in: *WiBiLex*; online (2012): www.bibelwissenschaft.de/wibilex/

das-bibellexikon/lexikon/sachwort/anzeigen/details/
reue-gottes-at/ch/d029d2d620fabebc750ef6a08a21acd6/
#ho, letzter Zugriff am 22. Juni 2022.

28 Dies ist ein Ausdruck, den Reinhart Koselleck in ganz anderem Zusammenhang eingeführt hat; dazu Ernst Müller und Falko Schmieder, *Begriffsgeschichte zur Einführung*, Hamburg 2020, S. 144.

29 Dazu näher Philipp Stoellger, »Glaube als Anfechtung? Zur Hermeneutik der Differenz von Anfechtung und Versuchung«, in: Pierre Bühler u. a. (Hg.), *Anfechtung. Versuch der Entmarginalisierung eines Klassikers*, Tübingen 2015, S. 63–100, bes. S. 73–79.

30 Ludwig Wittgenstein, *Vermischte Bemerkungen* (1947), in: ders., *Werkausgabe in 8 Bänden*. Bd. 8, Frankfurt a. M. ⁶1994, S. 445–573, S. 540 f.

31 Lukas Bärfuss, *Stil und Moral. Essays*, Göttingen 2015, S. 89.

32 So Holm Tetens in *Gott denken* und dessen erstem Kap. als kritischer Kommentar zu seinen früheren naturalistisch-materialistischen Arbeiten in der Philosophie des Geistes; siehe etwa ders., »Der gemäßigte Naturalismus der Wissenschaften«, in: *Naturalismus. Philosophische Beiträge*, hg. v. Geert Keil und Herbert Schnädelbach, Frankfurt a. M. 2000, S. 273–288.

33 Gemeint ist u. a. Schleiermacher; dazu Wolf Krötke, *Erschaffen und erforscht. Mensch und Universum in Theologie und Naturwissenschaft*, Berlin 2002, bes. S. 21.

34 Vgl. auch Folkart Wittekind, *Theologie religiöser Rede*, Tübingen 2018, S. 115.

35 Rush Rhees, *Without Answers*, London 1969, S. 112.

36 Dewi Z. Phillips, *The Problem of Evil and the Problem of God*, London 2004, S. 159: »purifying atheism«.

37 Jürgen Habermas, »Ein Bewusstsein von dem, was fehlt«, in: *NZZ* vom 10. Februar 2007; online verfügbar unter: http://www.nzz.ch/articleevb7x-1.110807, letzter Zugriff am 22. Juni 2022.

38 Sloterdijk, *Den Himmel zum Sprechen bringen*, S. 228.

39 Dies ist in Anlehnung an Rudolf Bultmann formuliert; vgl. seinen Aufsatz »Neues Testament und Mythologie.

Das Problem der Entmythologisierung der neutestamentlichen Verkündigung«, in: *Kerygma und Mythos*. Band I, hg. v. Hans Werner Bartsch, Hamburg ²1951, S. 15–48, S. 45 f.

40 Bruno Latour, *Jubilieren. Über religiöse Rede*, Berlin 2016, S. 186 f.

41 Vincent Brümmer, *Was tun wir, wenn wir beten? Eine philosophische Untersuchung*. Übersetzt aus dem Englischen von Christoph Schwöbel, Marburg 1985, S. 33 und 34.

42 Siehe dazu Wilfried Härle, »Den Mantel weit ausbreiten«, in: *Neue Zeitschrift für Systematische Theologie und Religionsphilosophie* 33:2 (1991), S. 231–247, bes. S. 239 und 241.

43 Zitiert nach Martha C. Nussbaum, *Politische Emotionen. Warum Liebe für Gerechtigkeit wichtig ist*. Aus dem Amerikanischen von Ilse Utz, Berlin 2016, S. 354.

44 Dazu Trudy Govier, »Hope and Its Opposites«, in: *Journal of Social Philosophy* 42:3 (2011), S. 239–253, bes. S. 246.

45 Dazu (mit entsprechenden Belegen und Auslegungen) die Beiträge von Konrad Schmid und Hans Weder in dem von mir herausgegebenen Band *Wahrhaft Neues. Zu einer Grundfigur religiösen Glaubens* (ThLZ.Forum 28), Leipzig 2013.

46 Siehe Friedrich Gogarten, »Die christliche Hoffnung«, in: *Deutsche Universitätszeitung*, 9. Jg., 20. Dezember (1954), S. 3–7; mit Dank an Heinrich Assel, der mich auf diesen Text aufmerksam gemacht hat.

Vierte Auflage Berlin 2024
Copyright © 2022
MSB Matthes & Seitz Berlin
Verlagsgesellschaft mbH
Göhrener Str. 7 | 10437 Berlin
info@matthes-seitz-berlin.de
Alle Rechte vorbehalten
Satz: psb, Berlin
Druck und Bindung: GGP Media GmbH, Pößneck
Umschlaggestaltung nach einer Idee
von Pierre Faucheux
ISBN 978-3-7518-0541-4
www.matthes-seitz-berlin.de